大学生入学教育

DAXUESHENG RUXUE JIAOYU

主　编　彭玉京　江　涛

副主编　蒋惠咪　杨　重　李　敏　刘　微　刘　洋

参　编　高　茜　陈　婧　张　行　唐　静　刘　迪
　　　　刘冠群　钟　妮　苏　凯　石　璨　刘朝晖
　　　　范　荣　伏　晋　于宴国　肖　婷　吴志奎
　　　　陈晓华　田　泉　谢梦琨　沈亚男

西安交通大学出版社
XI'AN JIAOTONG UNIVERSITY PRESS

图书在版编目(CIP)数据

大学生入学教育 / 彭玉京,江涛主编. -- 西安：
西安交通大学出版社,2024.9. -- ISBN 978-7-5605
-9504-7

Ⅰ.G645.5

中国国家版本馆 CIP 数据核字第 2024JK2982 号

书　　名	大学生入学教育	
主　　编	彭玉京　江　涛	
责任编辑	李　晶	
责任校对	郭泉泉	
封面设计	任加盟	

出版发行	西安交通大学出版社
	(西安市兴庆南路 1 号　邮政编码 710048)
网　　址	http://www.xjtupress.com
电　　话	(029)82668357　82667874(市场营销中心)
	(029)82668315(总编办)
传　　真	(029)82668280
印　　刷	陕西思维印务有限公司

开　　本	787mm×1092mm　1/16	印张　11.75	字数　243 千字
版次印次	2024 年 9 月第 1 版	2024 年 9 月第 1 次印刷	
书　　号	ISBN 978-7-5605-9504-7		
定　　价	40.00 元		

如发现印装质量问题,请与本社市场营销中心联系。

订购热线:(029)82665248　(029)82667874

投稿热线:(029)82668226

目 录

CONTENTS

生活篇

管理篇

学习篇

实践篇

心育篇

奖助篇

职业规划篇

生活篇

湖南网络工程职业学院
简　介

　　湖南网络工程职业学院是教育部备案、湖南省人民政府批准、湖南省教育厅主管,利用湖南开放大学校本部资源成立的一所国有公办全日制普通高等专科学校。学校位于湖南省长沙市天心区青园路 168 号,毗邻中南大学铁道学院校区、中南林业科技大学等高校,属长沙市主城区内的大学城片区,学风浓厚,环境优美,紧临市区主干道芙蓉路,公交线路四通八达,地铁一号线直达学校,各种交通换乘方便快捷。

　　湖南网络工程职业学院是教育部"全国高职高专院校人才培养工作水平评估"优秀学校、湖南省文明高校、湖南省就业工作先进单位。学校现有全日制在校生一万余人,开设数字媒体应用技术、软件技术、移动应用开发等专业,形成了以网络技术为优势,以高素质应用型人才培养为核心的高职教育特色,在全国高职教育领域首创了"开放式高职"的教育模式。

　　学校办学实力雄厚,拥有包括享受国务院政府特殊津贴专家、全国技术能手等在内的一大批优秀师资。学校秉承"让学习伴随一生"的校训,围绕湖南"三高四新"战略和学习型社会建设,面向信息产业,服务互联网经济的办学定位,主动适应产业发展,不断增强办学实力,以国家"互联网 +"行动计划为指导,聚焦互联网技术与应用产业链,重点建设"互联网资源制作与服务""互联网 + 智能制造""网络经济管理与服务"和"智慧旅游"等四大专业群,培养各类高素质互联网技术技能型人才。

　　学校设有国家奖学金、国家励志奖学金、国家助学金、学校奖学金和临时困难补助资金等多种学生资助奖项,每年学生奖助面达到了 40% 以上,确保学校学生不会因家庭困难而辍学。

湖南网络工程职业学院
学生证管理规定

第一条 学生证是证明学生身份的证件。学生应妥善保管，正确使用，不得转借、涂改或做抵押品。

第二条 新生入学报到经学校复查合格后发给学生证。

第三条 学生应在每学期开学时持本人的学生证办理报到注册手续，加盖注册章。未经注册的学生证无效。

第四条 学生证上的各项内容应准确、真实填写。"火车票优惠"栏内的乘车区间到达站，应填写父母或抚养人所住地最近的火车站。因父母或抚养人工作调动等原因变更住址需更改学生证上乘车区间到达站的，学生可持家长工作单位或家庭所在地派出所出具的证明，经二级学院签署意见后，到学生工作处更改。

第五条 学生证遗失的学生可以申请补办，但应书面说明情况，并经辅导员证明、二级学院盖章后，由二级学院教务干事统一收齐到教务处学籍科办理。学生证每学期开学第一个月补办。

第六条 如发现有意损坏、转借、涂改学生证，除给予必要的罚款外，视其情节轻重给予批评教育直至纪律处分。

第七条 本规定自2014年8月25日起施行。其他有关文件规定与本规定不一致的，以本规定为准。

学生火车票的购买须知

一、相关规则

《学生往返票办理办法》。

二、时间安排

（一）乘车有效时间

学生火车票有效使用时段分别为寒假 12 月 1 日到 3 月 31 日,暑假 6 月 1 日到 9 月 30 日,学生在其他时间乘车不能享受票价半价优惠(每学期具体时间安排按交通运输部公布时间为准)。

（二）办理有效时间

(1)暑假期间集中办理时间是 6 月 25 日到 7 月 5 日,学生在学校所在地的车站自行购买返程车票。

(2)寒假期间集中办理时间是放假前 20 天。

三、学生火车票的购买须知

(1)普通高等学校(含学历教育的民办高等学校)、中等职业学校、承担研究生教育任务的科学研究机构、军事院校和中学小学在校就读,家庭居住地和学校不在同一城市,没有工资收入的学生,凭注明乘车区间、加盖学校公章、贴有火车票电子优惠卡的学生证,中小学生凭学生证及学校书面证明,每年可购买 4 次家庭居住地到学校的往返火车硬座半价客票、加快票和空调票。

(2)新生凭录取通知书、毕业生凭学校书面证明可购买一次学生票。

(3)华侨学生和港澳学生,按照上述规定同样办理。华侨、港澳学生如要求在国内参观、游览或探亲访友时,凭县以上教育机关证明,每年可购买两次学生票。

(4)学生回家或返校,路径中有一段乘坐其他交通工具,经确认后,也可购买学生票。

(5)学生票要严格按照限定的区间发售,不得变更发、到站,也不能分段购票。

(6)应届毕业生购买学生票时,必须凭学校书面证明,不得凭派遣证购票。

(7)对学生实习、举办夏令营或其他社会实践活动的,不得发售学生票。

(8)发售学生票必须在"减价优待证"上登记购票次数。

(9)发现有涂改"减价优待证"或一人持两个以上学生证的,可以暂扣学生证并通过车站通知其学校,拒绝发售其学生票。

(10)对学生证丢失后补发的学生证,补发证当年不予发售学生票。

四、下列情况均不能购买学生票

(1)学校所在地有供养学生的直系亲属一方(指父或母),另一方在外地,学生到外地探亲时。

(2)学生因退学、休学、复学、转学时。

(3)学生从学校至实习地点或从实习地点返回学校时。

使用"学生火车票优惠卡"须知

一、学生火车票优惠卡的特点

(1)学生火车票优惠卡采用目前世界上最先进的电子标签技术制作。

(2)学生火车票优惠卡由非接触式微型IC、发射天线、振荡电容组成。

(3)利用现代信息技术和防伪技术对其进行加密、解密、识别。

(4)微型IC可存储学生基本信息和购票次数。

二、使用注意事项

(1)学生火车票优惠卡必须粘贴在学生证内页指定位置。

(2)粘贴后(无论正斜)严禁揭下重贴(容易损毁)。

(3)不要将优惠卡折叠成锐角。

(4)学生在购票时,学生证中不能夹带其他非接触式IC卡。

(5)使用过程中请妥善保管,一旦遗失,将不予补办。

三、学生火车票优惠卡在下列情况下将被损坏

(1)揭下粘贴在学生证上的学生火车票优惠卡。

(2)严重折叠学生火车票优惠卡。

(3)IC芯片被硬物压坏或被水浸泡等。

如果系人为因素造成该卡的损坏,由学生自己负责。

四、学生火车票优惠卡办理及充磁流程

1.办理流程

(1)每年十月份学生工作处按新生人数和湖南省教育厅相关政策发出"学生火车票优惠卡办理通知"。

(2)各二级学院按规定统计购票数量及购卡费用,经学生工作处审批后统一申购办理并发放。

2.办理范围

家庭所在地不在长沙市内的大一新生自愿购买或优惠卡遗失、损坏的往届生。

3.充磁流程

(1)火车票优惠卡已经用完4次的老生,以班级为单位由班长收齐学生证并统计好学生名单交辅导员处,以二级学院为单位统一交到学生工作处免费充磁。

(2)充磁时间:往届生为5月份,新生为11月份。

(3)充磁地点:学生工作处。

五、使用方式

(1)卡内存有乘车次数4次,购票时由火车站人员划减。

(2)每学年在学校规定时间内由学校统一运用所配读卡设备对学生火车票优惠卡充值1次(每学年可乘4次)。

(3)火车站对贴有学生火车票优惠卡的学生证或电子学生证出售火车优惠票(对不粘贴在学生证上者不能售票)。

六、注意事项

由于软皮封面学生证容易被折叠、弯曲,相对于硬皮封面学生证而言,粘贴在软皮封面学生证中的优惠卡更容易被损坏,因此,建议在软皮封面学生证中插入硬纸片、硬塑料片(不要插入非接触式IC卡或铁皮),以使学生证不易被弯曲、折叠,从而达到保护优惠卡的目的。

七、火车票购买方式和途径

(一)互联网订票

订票网站为www.12306.cn(以下简称12306网站)。

1.可订车票范围

(1)往程:仅限长沙站、长沙南站始发列车的所有硬座、二等座。

(2)返程:列车终到车站为长沙站、长沙南站的各次始发列车始发站的硬座和二等座(以12306网站能查询到并能订购的车次为准)。

2.往返票办理原则

学生既可订往程票(从学校返家),也可订返程票(从家返学校,返程的乘车站必须是该次列车的始发站)。可预订往返程票的乘车日期(每年寒暑假时间不同,以当年放假时间为准)。

3.学生订票信息

学生订票信息包括:学生姓名(姓名中的生僻字用小写的汉语拼音代替)、身份证件类型(以铁道部公布的类型为准)、证件号码、乘车日期(发车日期)、车次(返程车次)、发站、到站、席别(硬座)、张数等。同时,对系统内提示的"可变内容"必须进行选择,可变内容包括:是否限定发车日期、是否限定车次、是否接受无座等,选择不限定日期、车次和接受无座将有利于成功订票。

4.录入购票信息

在12306网站上按提示逐条逐项录入具体信息。身份证件的姓名、证件号码必须录入,证件类型、号码必须符合编号规则。同时,学生提报的身份证件信息必须真实,填报的购票发站、到站必须符合学生证内的填记信息。

因信息不符造成无法乘车、列车补票等问题,责任由学生自己承担。另外,选择的列车因限售问题无法选择到站时,应选择同方向其他车次进行录入。

注意:①不得代为其他不能享受铁路优惠政策的人员订票。一个证件同一乘车日期同一车次限购一张车票。进站乘车时,铁路部门将查验实名制车票和学生证件,票证相符方可乘车。

②其他有关注意事项以铁路发售学生票有关规章和车站具体要求为准,详见12306网站。

5. 取票流程

学生登录12306网站办理个人购票,往程(回家)、返程(返校)学生票预售期以网上公布为准。购买各次列车学生票时需凭网站公布认可的有效身份证件,购票需在网站直接支付票款。购票成功后,携带购票时使用的身份证件原件、附有学生优惠卡的学生证原件以及网上购票成功确认码(由网站发送至订票者手机上),可到长沙市已安装学生优惠卡识别器的各代售网点及车站售票窗口取票。

6. 网上订票支付方式

用于订票的电脑首先要登录12306网站,在网站上下载"根证书"(见网站提示)并注册,才能购票。必须即时网上支付票款,网站已开通中国工商银行、中国农业银行、中国银行、招商银行和银联的网上银行功能,开通工商银行、农业银行、中国银行和招商银行网银账户的用户直接使用相应银行网银支付,开通其他银行网银账户的用户使用银联网银支付。

(二)其他购票方式

学生还可以利用自助电话订票系统、代售网点窗口、车站窗口等各种方式购买车票。

1. 自助电话订票系统

学生可拨打电话95105105,预订返家各次列车学生车票,预售期暂定为20天(含当天,具体以系统提示为准),订票成功后应携带身份证件原件和附有学生优惠卡的学生证原件,于当日12时前预订的车票须在当日24时前取票;12时后预订的车票须在次日12时前取票。学生可就近到长沙市已安装学生优惠卡识别器的各代售网点及车站售票窗口取票(可发售学生票的代售网点的具体地址可咨询广铁集团公司客服热线12306)。

2. 代售网点窗口

学生也可就近选择院校周边安装了学生优惠卡识别器的铁路代售网点购买学生票,各代售点地址可咨询广铁集团公司客服热线12306。

未尽事宜请登录12306网站了解。

户口、身份证管理与服务

一、大学生集体户口的管理与服务

（一）大学生集体户口管理办法

（1）根据公安部门的规定，学生入学时可自愿选择是否将户口迁入学校集体户口。

（2）大学生集体户口的管理，实行学籍在校户口统一管理。学生离校（毕业、肄业、退学等）后，户口必须迁走。

（3）根据公安部门规定，只有当年新生才能办理集体户口，并且只能在新生报到学年的上学期内（每年9—11月），由学校保卫部到辖区派出所集中办理一次。

（4）集体户口办理所需资料：①省内学生：家庭户口本户主页、自身户口页；②省外学生：学生户口迁移证、家庭户口本户主页、自身户口页；③户主为学生本人的不能办理户口迁移。

（二）在校期间变更民族、姓名、出生日期的手续

（1）要恢复或变更民族，本人应写出恢复、变更民族的理由报告，经原籍所在地县以上民族事务委员会开具证明，并到公证处办理公证手续，再经学校主管部门（保卫部和学生工作处）和所在二级学院分别签署同意恢复或变更意见后，报所辖公安派出所审批同意，方可办理变更登记手续。

（2）在校学生无特殊原因，现用姓名不予变更。确有特殊原因需变更现用姓名的，由本人写出变更理由报告，经学校主管部门（保卫部和学生工作处）和所在二级学院分别签署同意变更意见，报所辖公安派出所，经上级公安机关审批后，方可办理变更登记手续。

（3）在校学生无特殊理由，不得更改出生日期。确有证据证明户口上的出生日期有误时，本人要写出更改理由报告，并提供有关更改理由证明，经学校主管部门（保卫部和学生工作处）和所在二级学院签署批准同意意见后，再报所辖公安派出所审批，方可办理更改手续。

（三）集体户口学生借用《常住户口登记卡》的手续

（1）因办理公证、出国（境）、结婚、购房、计划生育、原籍住房拆迁、原工作单位住房公积金、补办或到期更换身份证等事项，可借用或复印《常住户口登记卡》及首页。

（2）凡需借用《常住户口登记卡》的学生，应持二级学院介绍信（证明）、学生证或校园卡等证件，到学校保卫部办理借用手续。

（3）借用的《常住户口登记卡》要妥善保管，及时归还，谨防被盗或遗失。要保持卡片完好、清洁，不得擅自涂改或增减内容，不得折叠、损坏。

（4）凡将《常住户口登记卡》丢失、损坏者，必须写出书面经过，并按公安机关的有关规定补办，所需一切费用由丢失、损坏者承担。

（四）大学生在校期间出国（境）办理户口事项的手续

（1）在校学生因出国（境）留学、进修、开会、探亲访友、旅游等事由，可持有效证件、介绍信办理有关户口借用手续。

（2）中途退学自费出国（境）的学生，必须将户口转回生源地的公安机关，在当地办理出国手续。

（3）应届毕业生经批准不参加就业，直接申请自费出国（境）留学的，在本校规定时间内提出申请的，可在学校办理相关手续；超过规定时间的，须将户口迁移回生源地或放置在出国人员服务中心。

二、大学生身份证件的管理与服务

（一）申领居住证的手续

（1）在校就读和住宿的外地大学生可以申领居住证，本市户口学生不能办理居住证。

（2）申领居住证的手续为微信搜索"便民服务桥"公众号，线上申请办理。

（二）补办身份证

若学生身份证丢失，须自行到辖区派出所申请办理。

（三）申领、使用身份证注意事项

（1）本人要妥善保管证件，谨防被盗、遗失，不得随意借用、转让。

（2）不得违反规定申报暂住人口登记手续、办理暂住及其变更、注销手续。

（3）不得隐瞒身份、谎报情况、冒名顶替他人申报暂住人口登记办证。

（4）不得伪造、涂改、转借、出卖、使用失效身份证、暂住证。

（5）有下列行为之一者，由公安机关予以处罚：①拒绝公安机关查验居民身份证的；②转让、出借居民身份证的；③使用他人居民身份证的；④故意毁坏他人居民身份证的。

（6）对伪造居民身份证的，将依照《中华人民共和国刑法》第二百八十条规定进行处罚。

（四）学生办理《边境通行证》的手续

（1）我国对边境地区实行严格管理，公民前往边境地区必须事先申办《边境通行证》。目前，我国列入边境管理区的地域包括黑龙江省、新疆维吾尔自治区、西藏自治区、广西壮族自治区、广东省（深圳市、珠海市）、云南省、甘肃省和内蒙古自治区等省级行政区下属的100多个地区、市、县（自治州、盟、旗）等。

（2）凡居住在非边境管理区年满16周岁的中国公民（含海外华侨、港澳台同胞）前往边境地区均须办理《边境通行证》。

（3）学生如需办理，可在"便民服务桥"公众号上按要求申领《边境通行证》。

大学生基本医疗保险

为了进一步做好长沙市在校大学生的医疗保障工作,根据《长沙市人民政府办公厅关于驻长高校大学生参加城镇居民基本医疗保险有关事项的通知》文件精神,在校大学生都应当参加长沙市城镇居民基本医疗保险。

一、参保对象

我校全日制普通专科学生(含五年制大专学生)。

二、参保方式

全校学生以学校为参保单位,按照《国家医保局、财政部、国家税务总局关于做好2023年城乡居民基本医疗保障工作的通知》(医保发〔2023〕24号)有关规定,整体办理参保及缴费手续。

三、参保程序

新生入校时,按照其学制由学校财务处统一按每人每年380元(2024年缴费标准)的标准代收医疗保险费。开学两周内,各二级学院按参保人员类型,即一般人员、困难人员、低保家庭人员、重残人员、"三无"人员向学校学生工作处报送参保学生个人信息。学生工作处对参保人员类型进行认定后,于9月30日前将参保学生个人信息统一报送长沙市医疗保险管理服务局。经核准为困难人员者,按不同等级收费;核准为低保人员、"三无"人员、建档立卡贫困人员者,退回相应代收保费用。

四、基本医疗保险待遇

(1)城乡居民医保基金为参保大学生支付下列费用:①政策范围内的住院医疗费用;②政策范围内的门诊(含特殊病种门诊、普通门诊)医疗费用。

(2)大学生住院统筹基金起付标准:乡镇卫生院、社区卫生服务机构200元、三类收费标准医疗机构为300元;二类收费标准医疗机构为500元;市级一类收费标准医疗机构为1100元;一个结算年度内多次住院的,累计起付标准以省级定点医疗机构最高起付标准为限额。

(3)参保大学生在统筹地区基本医疗保险协议管理医疗机构发生的政策范围内住院医疗费,起付标准以上的部分,由城乡居民医保基金按比例支付:乡镇卫生院、社区卫生服务机构为85%;三类收费医院和县级二类收费医院为70%;其他二类收费医院为65%;市级一类收费医院为60%;省级医疗机构按省级标准执行。

（4）因突发疾病急诊抢救在 72 小时内转为住院治疗的，急诊抢救医疗费用与住院医疗费用合并计算；急诊抢救死亡的，对政策范围内的医疗费用，视同住院费用按规定报销。

（5）参保大学生患特殊疾病疗程较长需连续治疗或长期服药而发生的门诊医疗费用，按规定限额标准由基本医疗保险基金支付 50%，计入最高支付限额。

（6）在校大学生发生意外伤害的门诊医疗费用经医疗保险经办机构核准，在政策规定限额。

（7）参保大学生发生的下列医疗费不属于城乡居民医保基金支付范围：①应当从工伤保险基金中支付的；②应当由第三人负担的；③应当由公共卫生负担的；④在境外就医的；⑤国家和省医保不予支付的其他情形。

医疗费用依法应由第三人负担，第三人不支付或无法确定第三人的，由基本医疗保险基金先行支付。基本医疗保险基金支付后，有权向第三人追偿。

大学生的基本医疗保险以当年 9 月 1 日至次年 8 月 31 日为一个结算年度。大学生自缴纳参保费用之日起，在结算年度内享受基本医疗保险待遇。一个结算年度内，大学生基本医疗保险（不含城乡居民大病保险）累计最高支付限额为 15 万元。

五、注意事项

（1）参保大学生在校期间在长沙市定点医疗机构住院的，持入院通知单、医保卡、身份证、学生证、二级学院证明（若属意外伤害，还需《意外伤害登记表》）到医院医保科审核后办理住院登记，并预缴应由个人自付的费用。医疗终结办理出院手续时，直接与住院医疗机构结算自付医疗费用。

（2）参保大学生在校期间因特殊原因需转回户籍所在地定点医院住院的，应先填报《异地转院审批表》，经学校学生工作处审批盖章，报长沙市医疗保险管理服务局审核同意转往异地住院治疗的，其住院治疗费可按同级医院标准予以报销。发生的医疗费用先由个人垫付，回校后将所有住院证明材料交学校学生工作处，由学生工作处统一报送长沙市医疗保险管理服务局，按规定办理审核报销手续。

（3）参保大学生异地实习、寒暑假及法定假返家探亲期间生病或发生意外伤害，当地定点医疗机构住院或急诊抢救并在 72 小时内转住院的（急诊抢救医疗费用和住院医疗费用合并计算），应在 3 日内（节假日顺延）报长沙市医疗保险管理服务局备案。发生的医疗费用先由个人垫付，回校后填报《大学生假期疾病申报表》，将所有住院证明材料交学校学生工作处，由学生工作处统一报送长沙市医疗保险管理服务局，按规定办理审核报销手续。没有在规定时间内申报备案的，其住院费用不予报销。

（4）参保大学生在校期间在定点医疗机构住院，由于医疗技术或设备等原因，需转异地医院的，应先填报《异地转院审批表》，经医院证明盖章（需住院科室、医务科、医保科盖章），报长沙市医疗保险管理服务局审核同意后转往异地住院治疗，其住院费用可按同级医院标准予以报销。发生的医疗费用先由个人垫付，回校后将所有住院证明材料交学校学生工作处,由学生工作处统一报送长沙市医疗保险管理服务局,按规定办理审核报销手续。

(5)从2022年4月7日起,取消省内异地就医备案登记。我市参保人员在省内异地联网定点医疗机构就医,实现住院医疗费用直接结算,待遇标准参照参保地就医政策执行,即不降低报销比例。因特殊情况未能在就医地直接结算的,在就医地医疗机构产生的医疗费用,于回校后将所有住院证明材料交学校学生工作处,由学生工作处统一报送长沙市医疗保险管理服务局,按规定办理审核报销手续。

(6)住院证明材料如下:①参保学生身份证正反面的复印件;②住院医药费收据原件;③病历原件;④住院费用汇总清单(盖医院公章);⑤出院小结或出院诊断证明(盖医院公章);⑥住院病历的复印件:入院记录,长期医嘱和临时医嘱,出院记录(盖医院公章);⑦参保学生银行卡复印件;⑧属于意外伤害住院、异地实习住院、假期住院、异地转院、在校期间回户籍所在地住院等特殊情况的,都需要提供相关的材料,如《学生意外伤害登记表》《异地转院审批表》《大学生假期疾病申报表》、户籍所在地街道或社区证明等。

(7)参保大学生假期或实习期发生意外伤害后,可就近到当地定点医院进行急诊治疗。发生的急诊医疗费用先由个人垫付,回校后将急诊病历、发票、处方、清单(盖医院公章)、身份证复印件及银行卡复印件交学校学生工作处,由学生工作处在学生返校一个月内统一报送长沙市医疗保险管理服务局,按规定办理审核报销手续。

有关待遇将根据长沙市有关大学生基本医疗保险的相关政策及我校实际情况实时调整。

若有疑问,可及时咨询辅导员或学生工作处相关教师。

作息时间表

项目	时间
起床	6:30
早操	6:45~7:15
早餐	7:30
上午上课时间安排(教学楼、实训楼上、下课时间一致)	
预备铃	8:20
第一节	8:30~9:15
第二节	9:25~10:10
第三节	10:20~11:05
第四节	11:15~12:00
下午上课时间安排(教学楼、实训楼上、下课时间一致)	
预备铃	13:50
第五节	14:00~14:45
第六节	14:55~15:40
第七节	15:50~16:35
第八节	16:45~17:30
晚上上课时间安排(教学楼、实训楼上、下课时间一致)	
预备铃	18:20
第九、十节(连上)	18:30~20:00
第十一、十二节(连上)	20:10~21:40
(无课)晚自习	19:00~20:40
熄灯	23:00

注:教职工上班时间为上午 8:30~12:00,下午 14:00~17:30。

管理篇

▶▶▶

湖南网络工程职业学院
学生伤害事故处理办法

第一章　总　则

第一条　为积极预防、妥善处理在校学生伤害事故,保护学生、学校的合法权益,根据教育部、公安部《学生伤害事故处理办法》和其他相关法律、行政法规及有关规定,制定本办法。

第二条　本规定适用于学校全日制在籍学生。

第三条　在学校实施的教育教学活动或者学校组织的校外活动中,以及在学校负有管理责任的校舍、场地、其他教育教学设施、生活设施内发生的,造成在校学生人身损害后果的事故的处理,适用本办法。

第四条　学生伤害事故应当遵循依法、客观公正、合理适当的原则,及时、妥善地处理。

第五条　学校应当提供符合安全标准的校舍、场地、其他教育教学设施和生活设施。

第六条　学校应当对在校学生进行必要的安全教育和自护自救教育;采取相应的管理措施,预防和消除教育教学环境中存在的安全隐患;当发生伤害事故时,及时采取措施救助受伤害学生。

学校对学生进行安全教育、管理和保护,应当针对学生年龄、认知能力和法律行为能力的不同,采用相应的内容和预防措施。

第七条　学生应当遵守学校的规章制度和纪律;在不同的受教育阶段,应当根据自身的年龄、认知能力和法律行为能力,避免和消除相应的危险。

第八条　未成年学生的父母或者其他监护人(以下称为监护人)应当依法履行监护职责,配合学校对学生进行安全教育、管理和保护工作。

学校对未成年学生不承担监护职责,但法律有规定的或者学校依法接受委托承担相应监护职责的情形除外。

第二章　事故与责任

第九条　学生伤害事故的责任,应当根据相关当事人的行为与损害后果之间的因果关系依法确定。

因学校、学生或者其他相关当事人的过错造成的学生伤害事故,相关当事人应当根据其行为过错程度的比例及其与损害后果之间的因果关系承担相应的责任。当事人的行为是损害后果发生的主要原因,应当承担主要责任;当事人的行为是损害后果发生的非主要原因,承担相应的责任。

第十条 因下列情形之一造成的学生伤害事故,学校应当依法承担相应的责任:

(一)学校的校舍、场地、其他公共设施,以及学校提供给学生使用的学具、教育教学和生活设施、设备不符合国家规定的标准,或者有明显不安全因素的。

(二)学校的安全保卫、消防、设施设备管理等安全管理制度有明显疏漏,或者管理混乱,存在重大安全隐患,而未及时采取措施的。

(三)学校向学生提供的药品、食品、饮用水等不符合国家或者行业的有关标准、要求的。

(四)学校组织学生参加教育教学活动或者校外活动,未对学生进行相应的安全教育,并未在可预见的范围内采取必要的安全措施的。

(五)学校知道教师或者其他工作人员患有不适宜担任教育教学工作的疾病,但未采取必要措施的。

(六)学校违反有关规定,组织或者安排未成年学生从事不宜未成年人参加的劳动、体育运动或者其他活动的。

(七)学生有特异体质或者特定疾病,不宜参加某种教育教学活动,学校知道或者应当知道,但未予以必要的注意的。

(八)学生在校期间突发疾病或者受到伤害,学校发现,但未根据实际情况及时采取相应措施,导致不良后果加重的。

(九)学校教师或者其他工作人员体罚或者变相体罚学生,或者在履行职责过程中违反工作要求、操作规程、职业道德或者其他有关规定的。

(十)学校教师或者其他工作人员在负有组织、管理未成年学生的职责期间,发现学生行为具有危险性,但未进行必要的管理、告诫或者制止的。

(十一)对未成年学生擅自离校等与学生人身安全直接相关的信息,学校发现或者知道,但未及时告知未成年学生的监护人,导致未成年学生因脱离监护人的保护而发生伤害的。

(十二)学校有未依法履行职责的其他情形的。

第十一条 学生或者未成年学生监护人由于过错,有下列情形之一,造成学生伤害事故,应当依法承担相应的责任:

(一)学生违反法律法规的规定,违反社会公共行为准则、学校的规章制度或者纪律,实施按其年龄和认知能力应当知道具有危险或者可能危及他人的行为的。

(二)学生行为具有危险性,学校、教师已经告诫、纠正,但学生不听劝阻、拒不改正的。

（三）学生或者其监护人知道学生有特异体质，或者患有特定疾病，但未告知学校的。

（四）未成年学生的身体状况、行为、情绪等有异常情况，监护人知道或者已被学校告知，但未履行相应监护职责的。

（五）学生或者未成年学生监护人有其他过错的。

第十二条　学校安排学生参加活动，因提供场地、设备、交通工具、食品及其他消费与服务的经营者，或者学校以外的活动组织者的过错造成的学生伤害事故，有过错的当事人应当依法承担相应的责任。

第十三条　因下列情形之一造成的学生伤害事故，学校已履行了相应职责，行为并无不当的，无法律责任：

（一）地震、雷击、台风、洪水等不可抗的自然因素造成的。

（二）来自学校外部的突发性、偶发性侵害造成的。

（三）学生有特异体质、特定疾病或者异常心理状态，学校不知道或者难于知道的。

（四）学生自杀、自伤的。

（五）在对抗性或者具有风险性的体育竞赛活动中发生意外伤害的。

（六）其他意外因素造成的。

第十四条　下列情形下发生的造成学生人身损害后果的事故，学校行为并无不当的，不承担事故责任；事故责任应当按有关法律法规或者其他有关规定认定：

（一）在学生自行上学、放学、返校、离校途中发生的。

（二）在学生自行外出或者擅自离校期间发生的。

（三）在放学后、节假日或者假期等学校工作时间以外，学生自行滞留学校或者自行到校发生的。

（四）其他在学校管理职责范围外发生的。

第十五条　因学校教师或者其他工作人员与其职务无关的个人行为，或者因学生、教师及其他个人故意实施的违法犯罪行为，造成学生人身损害的，由致害人依法承担相应的责任。

第三章　事故处理程序

第十六条　发生学生伤害事故，学校应当及时救助受伤害学生，并应当及时告知未成年学生的监护人；有条件的，应当采取紧急救援等方式救助。

第十七条　发生学生伤害事故，情形严重的，学校应当及时向主管教育行政部门及有关部门报告。

第十八条　发生学生伤害事故，学校与受伤害学生或者学生家长可以通过协商方式解决;双方自愿,可以书面请求主管教育行政部门进行调解。成年学生或者未成年学生的监护人也可以依法直接提起诉讼。

第十九条 经教育行政部门调解,双方就事故处理达成一致意见的,应当在调解人员的见证下签订调解协议,结束调解;在调解期限内,双方不能达成一致意见,或者调解过程中一方提起诉讼,人民法院已经受理的,应当终止调解。调解结束或者终止,教育行政部门应当书面通知当事人。

第二十条 对经调解达成的协议,一方当事人不履行或者反悔的,双方可以依法提起诉讼。

第二十一条 事故处理结束,学校应当将事故处理结果书面报告主管的教育行政部门。

第四章　事故损害的赔偿

第二十二条 对发生学生伤害事故负有责任的组织或者个人,应当按照法律法规的有关规定,承担相应的损害赔偿责任。

第二十三条 学生伤害事故赔偿的范围与标准,按照有关行政法规、地方性法规或者最高人民法院司法解释中的有关规定确定。

第二十四条 对受伤害学生的伤残程度存在争议的,可以委托当地具有相应鉴定资格的医院或者有关机构,依据国家规定的人体伤残标准进行鉴定。

第二十五条 学校对学生伤害事故负有责任的,根据责任大小,适当予以经济赔偿,但不承担解决户口、住房、就业等与救助受伤害学生、赔偿相应经济损失无直接关系的其他事项。

学校无责任的,如果有条件,可以根据实际情况,本着可能的原则,对受伤害学生给予适当的帮助。

第二十六条 因学校教师或者其他工作人员在履行职务中的故意或者重大过失造成的学生伤害事故,学校予以赔偿后,可以向有关责任人员追偿。

第二十七条 未成年学生对学生伤害事故负有责任的,由其监护人依法承担相应的赔偿责任。学生的行为侵害学校教师及其他工作人员以及其他组织、个人的合法权益,造成损失的,成年学生或者未成年学生的监护人应当依法予以赔偿。

第二十八条 根据双方达成的协议、经调解形成的协议或者人民法院的生效判决,应当由学校负担的赔偿金,学校应当负责筹措;学校无力完全筹措的,由学校的主管部门或者举办者协助筹措。

第二十九条 学校有条件的,应当依据保险法的有关规定,参加学校责险。在尊重学生意愿的前提下,学校可以为学生参加意外伤害保险创造便利条件,但不得从中收取任何费用。

第五章　事故责任者的处理

第三十条　违反学校纪律，对造成学生伤害事故负有责任的学生，学校可以给予相应的处分；触犯刑法的，由司法机关依法追究刑事责任。

第三十一条　受伤害学生的监护人、亲属或者其他有关人员，在事故处理过程中无理取闹，扰乱学校正常教育教学秩序，或者侵犯学校、学校教师或者其他工作人员的合法权益的，学校应当报告公安机关依法处理；造成损失的，可以依法要求赔偿。

第六章　附　则

第三十二条　在本办法实施之前已处理完毕的学生伤害事故不适用本办法。

第三十三条　本办法由学生工作处负责解释。

第三十四条　本办法自公布之日起施行。

湖南网络工程职业学院
学生管理规定

第一章　总　则

第一条　为规范湖南网络工程职业学院学生管理行为,维护学校正常的教育教学秩序和生活秩序,保障学生合法权益,培养德、智、体、美、劳全面发展的社会主义建设者和接班人,依据《中华人民共和国教育法》《中华人民共和国高等教育法》《普通高等学校学生管理规定》等法律、法规,结合学校实际,制定本规定。

第二条　本规定适用于在学校接受普通高等学历教育学生的管理。

第三条　学校坚持社会主义办学方向,坚持马克思主义的指导地位,全面贯彻国家教育方针;坚持以立德树人为根本,以理想信念教育为核心,培育和践行社会主义核心价值观,弘扬中华优秀传统文化和革命文化、社会主义先进文化,培养学生的社会责任感、创新精神和实践能力;坚持依法治校,科学管理,健全和完善管理制度,规范管理行为,将管理与育人相结合,不断提高管理和服务水平。

第四条　学生应当拥护中国共产党领导,努力学习马克思列宁主义、毛泽东思想、中国特色社会主义理论体系,深入学习习近平总书记系列重要讲话精神和治国理政新理念新思想新战略,坚定中国特色社会主义道路自信、理论自信、制度自信、文化自信,树立中国特色社会主义共同理想;应当树立爱国主义思想,具有团结统一、爱好和平、勤劳勇敢、自强不息的精神;应当增强法治观念,遵守宪法、法律、法规,遵守公民道德规范,遵守《高等学校学生行为准则》,遵守学校管理制度,具有良好的道德品质和行为习惯;应当刻苦学习,勇于探索,积极实践,努力掌握现代科学文化知识和专业技能;应当积极锻炼身体,增进身心健康,提高个人修养,培养审美情趣。

第五条　学校尊重和保护学生的合法权利,教育和引导学生承担应尽的义务与责任,鼓励和支持学生实行自我管理、自我服务、自我教育、自我监督。

第二章　学生的权利与义务

第六条　学生在校期间依法享有下列权利:

(一)参加学校教育教学计划安排的各项活动,使用学校提供的教育教学资源。

（二）参加社会实践、志愿服务、勤工助学、文娱体育及科技文化创新等活动，获得就业创业指导和服务。

（三）申请奖学金、助学金及助学贷款。

（四）在思想品德、学业成绩等方面获得科学、公正评价，完成学校规定学业后获得相应的学历证书。

（五）在校内组织、参加学生团体，以适当方式参与学校管理，对学校与学生权益相关事务享有知情权、参与权、表达权和监督权。

（六）对学校给予的处理或者处分有异议，向学校、教育行政部门提出申诉，对学校、教职员工侵犯其人身权、财产权等合法权益的行为，提出申诉或者依法提起诉讼。

（七）法律、法规及学校章程规定的其他权利。

第七条 学生在校期间依法履行下列义务：

（一）遵守宪法和法律、法规。

（二）遵守学校章程和规章制度。

（三）恪守学术道德，完成规定学业。

（四）按规定缴纳学费及有关费用，履行获得贷学金及助学金的相应义务。

（五）遵守学生行为规范，尊敬师长，养成良好的思想品德和行为习惯。

（六）法律、法规及学校章程规定的其他义务。

第三章　学籍管理

第一节　入学与注册

第八条 学校按国家招生规定录取的新生，必须持《湖南网络工程职业学院录取通知书》和其他有关证件，按学校有关要求和规定的期限到校报到，办理入学手续。如有特殊原因不能按期报到者，应当事先书面向学校招生部门请假。请假须经批准方为有效。请假时间一般不超过 20 天。未请假或者请假逾期者，除因不可抗力等正当理由以外，视为放弃入学资格。

第九条 学校在报到时对新生入学资格进行初步审查。审查合格的办理入学手续，予以注册学籍；审查发现新生的录取通知、考生信息等证明材料，与本人实际情况不符，或者有其他违反国家招生考试规定情形的，取消入学资格，情节严重的，学校将移交有关部门调查处理。

第十条 新生因应征入伍、身心状况不适宜在校学习等原因，经学生本人申请、学校审核同意后，可以保留入学资格。保留入学资格期限原则上不超过 1 年（应征入伍保留入学资格至退役后 2 年内）。保留入学资格期间不具有学籍，不享受在校生待遇。

新生保留入学资格期满前应向学校申请入学,经学校审查合格后,办理入学手续。审查不合格的,取消入学资格;逾期不办理入学手续且未有因不可抗力延迟等正当理由的,视为放弃入学资格。

第十一条 学生入学后,学校在 3 个月内按照国家招生规定进行复查。复查内容主要包括以下方面:

(一)录取手续及程序等是否合乎国家招生规定。

(二)所获得的录取资格是否真实、合乎相关规定。

(三)本人及身份证明与录取通知、考生档案等是否一致。

(四)身心健康状况是否符合报考专业或者专业类别体检要求,能否保证在校正常学习、生活。

(五)艺术、体育等特殊类型录取学生的专业水平是否符合录取要求。

复查中发现学生存在弄虚作假、徇私舞弊等情形的,确定为复查不合格,予以取消学籍;情节严重的,学校将移交有关部门调查处理。

复查中发现学生身心状况不适宜在校学习,经学校指定的二级甲等以上医院诊断,需要住院治疗或在家休养的,可以按照第十条的规定保留入学资格;在保留入学资格期内,学生经治疗康复,申请入学时,须提供学校指定的二级甲等以上医院的康复证明,经复查仍不合格或逾期不办理申请入学手续者,取消其入学资格。

第十二条 每学期开学时,学生应当按学校规定的日期报到、交费、提交相关材料(如社会调查报告等)、办理注册手续。不能如期注册者,须书面向学籍管理部门提出申请,经批准后履行暂缓注册手续,暂缓注册时间不超过 4 周。不按学校规定缴纳学费、不履行暂缓注册手续的,视为自动放弃学籍,不予注册。

家庭经济困难的学生可以申请贷款或者其他形式资助,办理有关手续后注册。

第十三条 已经注册的学生由所在二级学院建立学籍档案。学籍档案包括:考生基本资料、学生学籍登记表、学生成绩单、学生在校期间操行评定表、奖励及处分记载和毕业生实习登记表、毕业生登记表等。

第二节 考核与成绩记载

第十四条 学生应当参加学校专业教学计划规定的课程和各种教育教学环节(以下统称课程)的考核,考核成绩记入成绩册,并归入学籍档案。

考核分为考试和考查两种。考核和成绩评定方式,以及考核不合格的课程是否重修或者补考按学校相关规定和专业人才培养方案执行。

第十五条 学生综合素质的考核、鉴定,以《高等学校学生行为准则》《湖南网络工程职业学院学生综合测评实施方案》为主要依据,采取过程记载、个人小结、师生民主评议等形式进行。

学生体育成绩评定突出过程管理,根据考勤、课内教学、课外锻炼活动和体质健康等情况综合评定。

第十六条 学生每学期或者每学年所修课程或者应修学分以及升级、跳级、留级、降级等要求按学校相关规定和专业人才培养方案执行。

第十七条 学生根据学校有关规定须进行公共选修课的学习,各专业学生公共选修课学分的最低要求为6学分(非艺术专业学生必须选修公共艺术类课程至少2学分),不补考,只需重修或者补修。非艺术专业学生未选修艺术类课程学分不予毕业。

第十八条 学生参加创新创业、社会实践等活动以及发表论文、获得专利授权等与专业学习、学业要求相关的经历、成果,可以折算为学分,计入学业成绩。学校鼓励、支持和指导学生参加社会实践、创新创业活动,可以建立创新创业档案、设置创新创业学分。具体按照学校相关规定执行。

第十九条 学校健全学生学业成绩和学籍档案管理制度,真实、完整地记载、出具学生学业成绩,对通过补考、重修获得的成绩,予以标注。

学生严重违反考核纪律或者作弊的,该课程考核成绩记为无效,并视其违纪或者作弊情节,给予相应的纪律处分。给予警告、严重警告、记过及留校察看处分的,经教育表现较好,可以对该课程给予补考或者重修机会。

学生因退学等情况中止学业,其在校学习期间所修课程及已获得学分,学校予以记录。学生重新参加入学考试、符合录取条件,再次入学的,其已获得学分,经学校认定,可以予以承认。

第二十条 学生应当按时参加教育教学计划规定的活动。不能按时参加的,应当事先请假并获得批准。无故缺席的,根据学校有关规定给予批评教育,情节严重的,给予相应的纪律处分。

第二十一条 学校对学生开展诚信教育,以适当方式记录学生学业、学术、品行等方面的诚信信息,建立对失信行为的约束和惩戒机制;对有严重失信行为的,按规定给予相应的纪律处分,对违背学术诚信的,对其获得学位及学术称号、荣誉等作出限制。

第三节　转专业与转学

第二十二条 学生在学习期间对其他专业有兴趣和专长的可以按学校规定申请转专业;学校根据社会对人才需求情况的发展变化,需要适当调整专业时,允许在读学生转到其他相关专业就读;休学创业或退役后复学的学生,因自身情况需要转专业的,学校予以优先考虑。

第二十三条 学生在校期间只允许转专业一次。转专业须由学生本人书面申请,经学校批准,报教育行政部门备案。文科类专业不得转入理科类专业学习(文理兼招除外），艺术类和非艺术类专业之间不得互转。国家控制的专业,不办理专业转入手续。

有下列情形之一,不得转专业：

（一）以特殊招生形式录取的学生,国家有相关规定或者录取前与学校有明确约定的。

（二）身体条件不符合申请转入专业的体检标准。

（三）二年级（含二年级）以上。

（四）严重违反校纪、校规。

（五）正在休学、保留学籍期间。

（六）应予退学的。

（七）无正当理由。

第二十四条 学生一般应当在录取学校完成学业。因患病或者有特殊困难、特别需要,无法继续在本校学习或者不适应本校学习要求的,可以申请转学。具体按照学校关于学生转学的相关规定执行。

有下列情形之一,不得转学：

（一）入学未满一学期者。

（二）高考成绩低于拟转入学校相关专业同一生源地相应年份录取成绩的。

（三）招生时确定为定向、委托培养者。

（四）由低学历层次转为高学历层次者。

（五）应予退学者。

（六）已进入毕业学年学习者。

（七）无正当理由者。

第二十五条 学生转学、转专业的手续,一般在学期或学年结束前2个月内办理,并在下学期、学年开学前办妥,学期中间不受理转学、转专业。

第二十六条 其他学校转入的学生,须修满转入专业人才培养方案所规定的全部学分,原校所学的课程考试合格者可申请相同课程免修,原校未修课程须重修。

第二十七条 学生转学或转专业后,须修满转入专业人才培养计划所规定的全部学分,方可毕业。

第四节 休学与复学

第二十八条 学生可以分阶段完成学业,除另有规定外,应当在学校规定的最长修业年限6年（含休学和保留学籍）内完成学业。学生有下列情况之一者,应予休学：

（一）因病经学校指定医院诊断,须停课治疗、休养占一学期总学时三分之一以上（一般为6周）者。

（二）根据考勤,一学期请假、缺课超过该学期总学时三分之一者。

（三）某些特殊原因,本人申请或学校认为必须休学者。

（四）有严重心理危机且经学校指定医院诊断为有心理或精神疾病,需药物治疗或入院治疗者。

第二十九条 学生应征参加中国人民解放军(含中国人民武装警察部队),学校将保留其学籍至退役后 2 年。学生保留学籍期间,与其实际所在的部队组织建立管理关系。

第三十条 学生休学一般以 1 年为期,因病经学校批准,可连续休学 2 年。

第三十一条 休学学生应当办理手续离校。学生休学期间,学校为其保留学籍,但不享受在校学习学生待遇。因病休学学生的医疗费按国家及当地的有关规定处理。

第三十二条 学生复学按下列规定办理:

（一）学生休学期满,应于学期开学前持有关证明,向学校申请复学,开学后 2 周内不来校办理复学手续者,做自动退学处理。

（二）因伤病休学的学生,申请复学时须由县级以上医院出示康复证明和所在地街道(乡)等单位开具的学生行为表现证明,经辅导员审核,所在二级学院院长批准,报分管学籍的校领导审批后,方可复学。

（三）学生休学期间,如有严重违法乱纪行为,学校将取消其复学资格,并视情节予以退学或开除处理。

（四）休学学生复学时,应转入相同专业的相应年级就读,如遇没有连续招生的专业可转到学制相同的相近专业就读。

（五）学生复学时,按照转入专业、班级收费标准交纳有关费用。

（六）因心理或精神疾病休学的学生申请复学时,还应出具学校指定医院开具的心理疾病康复证明,设有专业精神医疗科室的三甲医院连续 6 个月及以上的复诊病历记录、治疗和交费凭证。

第三十三条 休学学生所属学院,应在学生办理完复学手续后的半个月内,到教务处为其办理学籍异动手续。

第五节 退 学

第三十四条 有下列情形之一的学生,应予以退学:

（一）一学年内,经补考后仍有 6 门或 6 门以上课程考核成绩不及格的。

（二）超过最长学习时限(包括休学时间),未完成学业的。

（三）休学期满,未提出复学申请,或申请复学经复查不合格的。

（四）经学校指定医院诊断,患有疾病或外残,无法继续在校学习的。

（五）未请假或请假未获学校批准,离校连续 2 周,或在校但无故不参加学校规定教学活动连续 2 周的。

（六）无正当理由，超过学校规定期限未注册而又未履行暂缓注册手续的。

（七）本人申请退学的。

按本条规定对学生做退学处理不是纪律处分。

第三十五条 学生退学，由校长办公会议研究决定。对退学学生，学校出具退学决定书并送交本人，同时报教育行政部门备案。因特殊情况无法送交本人的，在校内发布公告，公告 5 日后即视为送交。学生对退学处理有异议，可参照本制度第六章提出申诉。

第三十六条 学生退学的善后问题，按下列规定办理：

（一）退学学生应当在退学决定书送达之日起 5 个工作日内办理退学离校手续，其档案、户口退回家庭户籍所在地。

（二）退学的学生由学校发给退学证明。

（三）对退学学生，学校根据学习年限发给肄业证书（一年以上）或者写实性学业证书（一年以下）。未经学校批准，擅自离校的学生不发给肄业证书和退学证明。

（四）取消学籍和退学的学生，所交当期学费不予退还，并不得申请复学。

第六节　毕业、结业与肄业

第三十七条 学生在学校规定年限内，修完专业人才培养方案规定的学分。英语和计算机等级达到所学专业规定的等级要求，获得本专业规定的职业技能证书，方才准予毕业，由学校发给毕业证书。

第三十八条 学生在学校规定年限内，修完专业人才培养方案规定内容，未达到毕业要求，准予结业，由学校发给结业证书。

第三十九条 学校根据学习年限发给肄业证书（一年以上）或者写实性学业证书（一年以下）。

第四十条 有下列情形之一的学生，可补办毕业手续，毕业时间以修满学业的学年为准：

（一）在经批准同意的延长学习时间年限内修满学业。

（二）学生已获得结业证书，可以通过重修、自学等方式继续完成学业，经重修全部课程成绩合格后，经本人申请、学校审批通过，可补办毕业证书。

（三）凡毕业实习和毕业实践报告（毕业设计）不及格者，毕业时发给结业证书。在规定的学制年限内回校与下届学生一起重做毕业实习和毕业实践报告（毕业设计），及格后换发毕业证书。

第七节　学业证书管理

第四十一条 学校严格按学生所学专业的办学类型、学习形式、学制、实际修满学业的学年等,填写、颁发学历证书。

第四十二条 学校执行高等教育学籍学历电子注册管理制度,完善学籍学历信息管理办法,按相关规定及时完成学生学籍学历电子注册。学生应当按要求做好学籍学历电子注册的相关工作。

第四十三条 对违反国家招生规定取得入学资格或者学籍的,学校取消其学籍,不发给学历证书、学位证书;已发的学历证书、学位证书,学校依法予以撤销。对以作弊、剽窃、抄袭等学术不端行为或者其他不正当手段获得学历证书、学位证书的,学校依法予以撤销。被撤销的学历证书、学位证书若已注册,学校予以注销并报教育行政部门宣布无效。

第四十四条 毕业、结业、肄业证书遗失或者损失,经本人申请,学校核实后,由学校出具相应的证明书。证明书与原证书具有同等效力,损坏证书由学校收回。

第四十五条 本校各专业毕业生均无学位授予。

第四章 校园秩序与课外活动

第四十六条 学校、学生共同维护校园正常秩序,保障学校环境安全、稳定,保障学生的正常学习和生活。

第四十七条 学校通过成立学生宿舍管理委员会、学生伙食管理委员会,受理学生代表提案,定期召开学生座谈会,建立院长信箱、院长接待日,校务公开等方式,支持和保障学生依法、依章参与学校管理。

第四十八条 学生应当自觉遵守公民道德规范,自觉遵守学校管理制度,创造和维护文明、整洁、优美、安全的学习和生活环境,树立安全风险防范和自我保护意识,保障自身合法权益。

第四十九条 学生不得有酗酒、打架斗殴、赌博、吸毒,传播、复制、贩卖非法书刊和音像制品等违法行为;不得参与非法传销和进行邪教、封建迷信活动;不得从事或者参与有损大学生形象、有悖社会公序良俗的活动。

学校发现学生在校内有违法行为或者严重精神疾病可能对他人造成伤害的,可以依法采取或者协助有关部门采取必要措施。

第五十条 学校坚持教育与宗教相分离原则。任何组织和个人不得在学校进行宗教活动。

第五十一条 学校建立健全学生代表大会制度,为学生会开展活动提供必要条件,支持其在学生管理中发挥作用。

学生可以在校内成立、参加学生团体。学生成立团体,应当按学校有关规定提出书面申请,报学校批准并施行登记和年检制度。

学生团体应当在宪法、法律、法规和学校管理制度范围内活动,接受学校的领导和管理。学生团体邀请校外组织、人员到校举办讲座等活动,需经学校批准。

第五十二条　学校提倡并支持学生及学生社团开展有益于身心健康的学术、科技、艺术、文娱、体育等活动。

学生进行课外活动不得影响学校正常的教育教学秩序和生活秩序。

学生参加勤工助学活动,应当遵守法律、法规以及学校、用工单位的管理制度,遵守学校履行勤工助学活动的有关协议。

第五十三条　学生举行大型集会、游行、示威等活动,应当按法律程序和有关规定获得批准。对未获批准的,学校将依法劝阻或者制止。

第五十四条　学生应当遵守国家和学校关于网络使用的有关规定,不得登录非法网站和传播非法文字、音频、视频资料等,不得编造或者传播虚假、有害信息;不得攻击、侵入他人计算机和移动通信网络系统。

第五十五条　学生应当遵守学校关于学生住宿管理的相关制度和规定。学校鼓励和支持学生通过制定公约,实施自我管理。

第五章　奖励与处分

第五十六条　学校对在德、智、体、美等方面全面发展或者在思想品德、学业成绩、科技创造、体育竞赛、文艺活动、志愿服务及社会实践等方面表现突出的学生,给予表彰和奖励,并可推荐参加全省教育系统等组织的表彰和奖励。

第五十七条　对学生的表彰和奖励可以采取授予"三好学生"称号或者其他荣誉称号、颁发奖学金等多种形式,给予相应的精神鼓励或者物质奖励。

学校对学生予以表彰和奖励,以及确定推荐国家奖学金等赋予学生利益的行为,建立公开、公平、公正的程序和规定,建立和完善相应的选拔、公示等制度。

第五十八条　对有违反法律法规、普通高等学校学生管理规定、本规定以及学校纪律行为的学生,学校将给予批评教育,并可视情节轻重,给予如下纪律处分:

(一)警告。

(二)严重警告。

(三)记过。

(四)留校察看。

(五)开除学籍。

第五十九条　学生有下列情形之一,学校可以给予开除学籍处分:

(一)违反宪法、反对四项基本原则、破坏安定团结、扰乱社会秩序的。

(二)触犯国家法律,构成刑事犯罪的。

(三)受到治安管理处罚,情节严重、性质恶劣的。

(四)由他人代替考试、代替他人参加考试、组织作弊、使用通信设备或其他器材作弊、向他人出售考试试题或答案牟取利益,以及其他严重作弊或扰乱考试秩序行为的。

（五）剽窃、抄袭他人学习、研究成果，情节严重的。

（六）违反学校规定，严重影响学校教育教学秩序、生活秩序以及公共场所管理秩序的。

（七）侵害其他个人、组织合法权益，造成严重后果的。

（八）屡次违反学校规定受到纪律处分，经教育不改的。

第六十条　学校对学生作出处分，将出具处分决定书。处分决定书包括下列内容：

（一）学生的基本信息。

（二）作出处分的事实和证据。

（三）处分的种类、依据、期限。

（四）申诉的途径和期限。

（五）其他必要内容。

第六十一条　学校给予学生处分，坚持教育与惩戒相结合，与学生违法、违纪行为的性质和过错的严重程度相适应，做到证据充分、依据明确、定性准确、程序正当、处分适当。

第六十二条　在对学生作出处分或者其他不利决定之前，学校将告知学生作出决定的事实、理由及依据，并告知学生享有陈述和申辩的权利，听取学生的陈述和申辩。

处理、处分决定以及处分告知书等，直接送达学生本人，学生拒绝签收的，可以以留置方式送达；已离校的，可以采取邮寄方式送达；难以联系的，可以利用学校网站、新闻媒体等以公告方式送达。

第六十三条　对学生作出取消入学资格、取消学籍、退学、开除学籍或者其他涉及学生重大利益的处理或者处分决定的，提交校长办公会议研究决定，并事先进行合法性审查。

开除学籍的处分决定书上报教育行政部门备案。

第六十四条　除开除学籍处分以外，给予学生处分一般将设置 6 个月到 12 个月期限，到期按学校规定程序予以解除。解除处分后，学生获得表彰、奖励及其他权益，不再受原处分的影响。

第六十五条　对学生的奖励、处理、处分及解除处分材料，学校将真实完整地归入学校文书档案和本人档案。

被开除学籍的学生，由学校发给学习证明。学生在 5 个工作日内办理离校手续并离校，档案、户口退回其家庭户籍所在地。超过 5 个工作日不办理离校手续的，学校注销其一切在校关系，不再发给学习证明。

第六章　学生申诉

第六十六条　学校设立学生申诉处理委员会，负责受理申诉人提出的申诉，对学生申诉的问题进行复查,做出处理结论。

申诉处理委员会设主任一名,委员若干名。主任由分管学生工作的校领导担任。委员分为常任委员和临时委员。常任委员由校党政办公室、纪委、监察专员办公室、团委、保卫部、教务处、学生工作处、招生与就业工作处、质量监控与评价中心等部门主要负责人担任。

作为常任委员的各部门负责人更换时,由新任负责人自然接替原负责人担任常任委员。

临时委员由两名教师和两名学生代表担任。两名教师临时委员由申诉处理委员会办公室推举。两名学生临时委员由校学生会推举。

学校制定《湖南网络工程职业学院学生申诉处理委员会章程》,出台学生申诉的具体办法,健全学生申诉处理委员会的组成与工作规则,提供必要条件,保证其能够客观、公正地履行职责。

第六十七条 学生对学校的处理或者处分决定有异议的,可以在接到学校处理或者处分决定书之日起 10 日内,向学生申诉处理委员会提出书面申诉。

第六十八条 学生申诉处理委员会对学生提出的申诉进行复查,并在接到书面申诉之日起 15 日内作出复查结论并告知申诉人。情况复杂不能在规定期限内作出结论的,经学校负责人批准,可延长 15 日。学生申诉处理委员会认为必要的,可以建议学校暂缓执行有关决定。

学生申诉处理委员会经复查,认为做出处理或者处分的事实、依据、程序等存在不当,可以作出建议撤销或变更的复查意见,要求相关职能部门予以研究,重新提交校长办公会议或者专门会议作出决定。

第六十九条 学生对复查决定有异议的,在接到学校复查决定书之日起 15 日内,可以向教育行政部门提出书面申诉。

第七十条 自处理、处分或者复查决定书送达之日起,学生在申诉期内未提出申诉的视为放弃申诉,学校不再受理其提出的申诉。

处理、处分或者复查决定书未告知学生申诉期限的,申诉期限自学生知道或者应当知道处理或者处分决定之日起计算,但最长不得超过 6 个月。

第七章 附 则

第七十一条 学校对接受高等学历继续教育的学生、全日制高职农民大学生的管理,参照本规定执行。

第七十二条 本规定自公布之日起施行。

湖南网络工程职业学院
学生文明卫生公约

为更好地贯彻执行国家教育部颁布的《高等学校学生行为准则》,进一步加强校园文明建设,净化校园环境,维护正常的校园秩序,使学生自觉形成良好的文明、卫生习惯,特制定我校学生文明卫生公约。

（一）热爱劳动,树立正确的劳动观念和劳动态度。自觉维护校园的公共卫生,尊重清洁工人的劳动,努力创造整洁、优美的校园环境。

（二）积极参加学校、二级学院、班级组织的各项义务劳动、社会公益劳动、社会实践活动和勤工俭学活动。

（三）培养勤俭节约、艰苦奋斗的精神,做到节约用水、用电,不浪费粮食,不乱扔、乱倒饭菜。

（四）注重仪表、仪容。着装整洁、大方得体,穿着打扮应与大学生身份相符。女生不化浓妆,不染颜色突兀的头发,不穿奇装异服;男生不留长发,不剃光头,不染颜色突兀的头发;在教室、图书馆等公共场所不穿无袖背心、运动短裤和拖鞋。

（五）注重个人品德修养。说话文雅,语言文明,在公共场合不大声喧哗。行为有礼,举止有度,尊师敬长,尊重他人,男女生交往得体。

（六）加强体育锻炼,积极参加各项体育活动,提高身体素质和健康水平。

（七）积极参加各项有益于身心健康的文化娱乐活动,培养健康的审美情趣,树立正确的审美观念。不视听不健康的书刊、音像,不吸烟,不酗酒,不赌博。

（八）懂得青少年保健常识,具有良好的个性、心理素质,有较好的心理承受能力和自我调节能力。

（九）注重公共道德,爱护校园公共设施及公共财物。自觉保护学校财物,不在桌椅、门窗、黑板、布告栏、廊柱、墙壁及其他设施上乱写乱画、乱涂乱刻,也不在非指定地点胡乱张贴。

（十）爱护校园花草树木,不践踏校园内草坪。

（十一）养成良好的文明卫生习惯,增强卫生意识。不随地吐痰,不乱扔果皮纸屑、塑料垃圾及其他杂物,不乱倒垃圾、污水,不乱停、乱摆、乱放,不在校区内吃零食;见到有上述不良行为者,要及时劝告并制止。

（十二）养成良好的文明卫生习惯和健康的生活方式,按时作息,注重个人卫生。

（十三）爱护自然,保护自然,增强校园环保意识,树立良好道德风尚。

（十四）自觉遵守公寓内务的各项卫生要求,整理好个人内务,保持室内整洁,并能较好地料理个人生活。

（十五）全体师生有权利和义务自觉遵守上述文明卫生公约,并对违反者进行劝阻或批评教育。

湖南网络工程职业学院
学生公寓管理办法

第一章 总 则

第一条 为规范学生公寓管理,全面提高学生公寓服务质量和管理水平,强化学生公寓的育人功能,根据国家及湖南省有关法律法规和政策文件,结合学校实际,制定本办法。

第二条 本办法所指的学生公寓是指我校学生住宿专用的房屋以及附属设备、设施和场地。学生公寓是学生在校期间学习、生活、休息的场所,也是进行思想品德教育和行为养成教育的重要阵地。

第三条 为建设良好的育人氛围,给住宿学生提供良好的学习、生活条件,要求学生自觉遵守国家法律、法规、学校规章及公寓管理规定,养成良好的学习生活习惯,体现大学生的良好精神风貌。

第四条 本办法适用于所有在湖南网络工程职业学院学生公寓住宿的学生。

第二章 机构设置、职责范围

第五条 学校设立学生公寓管理中心(简称宿管中心),作为对全校学生公寓管理的专门机构。宿管中心代表学校全面负责校内学生公寓的安全、卫生、纪律、学生素质教育、寝室文化建设、文明寝室评比等工作;负责学生在公寓内的考评及提出违纪事件处理的建议、寝室分配、调整、家具管理;负责学生公寓的住宿资源的调配及日常维修工作;负责学生公寓管理规章制度的制定和修订等工作。其职责是全面提高大学生素质,促进宿舍精神文明建设,保障学生正常的学习、生活,以管理育人,以服务育人,全面推进思政工作进宿舍,帮助学生树立自尊、自爱、自立、自信、自强的大学生形象。

第六条 宿管中心在校内设立学生公寓管理办公室(简称宿管办),各楼栋配设专(兼)职管理人员、保洁员、维修员,并建立学生公寓自我管理委员会(简称宿管会)。

第七条 宿管会职责:

(一)协助宿管中心对本学校所在公寓住宿学生进行日常管理与教育。

(二)组织学生贯彻执行公寓规章制度,维护正常生活秩序。

（三）维持纪律，化解矛盾，预防和制止打架斗殴、赌博、酗酒等违纪事件。

（四）反馈信息，协助公寓管理部门不断改进管理方法，提高服务质量。

（五）开展宿舍文化活动，督促学生搞好卫生，组织各种文体活动，带领学生争创"文明公寓""文明宿舍"。

（六）向宿管中心提出合理化建议。

第三章　学生住、退宿舍的规定

第八条　凡本校录取的计划内全日制新生均须在宿管办安排下，到指定的公寓楼、寝室、床位住宿，并与之签订住宿管理协议，填写住宿登记卡。住宿登记卡用于建立住宿人员档案，并作为管理人员平时检查床位、会客管理、借用钥匙等工作的核对凭证。

第九条　未经宿管中心批准，任何人员不得私自入住学生公寓，入住人员不得留宿外人，不得擅自调换寝室和床位。否则，宿管中心将按照有关规定追究当事人责任。

第十条　学生公寓实行查房和卫生检查制度。学生如违反公寓管理规定，宿管中心有权进行处理，限期改正，情节特别严重者将上报学校有关部门给予纪律处分。

第十一条　按学校规定，学生应在学校安排的校内公寓居住，未经批准一律不得擅自在校外租房或住宿。如确有特殊原因，需按程序办理相关审批手续。

第十二条　体检复查未通过而保留入学资格的新生，须在两周内到宿管办办理退宿手续，其床位不再保留，当年住宿费延至下一学年；下一学年如要复学，须在开学前一个月与宿管中心联系，以便安排住宿。因病或其他特殊原因而休学的学生，离校前必须到宿管办办理退宿手续，其原床位不予保留。复学后由宿管办另行安排床位。

第十三条　转专业的学生在住宿资源允许的情况下可申请调整住宿的公寓和床位，但须凭转专业单到宿管办办理有关手续。

第十四条　因毕业、退学、休学及其他原因必须离校者，应及时到宿管办指定地点办理退宿手续，并将所有个人物品搬离公寓，并按时离校。

第十五条　学生离校时要做到遵纪守法、文明离校；在离校期间要注意爱护公寓内物品及公共财产，主动配合工作人员清点公共设施和财产。如有缺损，相关责任人须按价赔偿。严禁在公寓墙面、床板、门和走廊内乱涂乱画；严禁随意张贴广告、宣传画、宣传品等；严禁焚烧纸张和其他物品。若有违反，将按校纪校规给予严肃处理。

第十六条　住宿人员办理退宿手续后，必须在一周内带走自己的物品，否则，因公寓清扫、维修或寝室另作他用等原因而造成的财产损失由住宿人员本人负责。

对按学校规定应办理退宿手续,但在规定的最后期限不来办理的,将视为自动离校,公寓内物品因清扫、维修等原因而造成的个人财产损失由住宿者本人负责。

第十七条 宿管办有权根据公寓情况及学校基建、维修计划等对学生现住宿床位实行局部调整或集体搬迁,对因未报到、毕业、休学、退学、停学等原因而空出的床位,宿管办将及时调整,有关人员应积极配合,不得以任何借口阻挠宿管办工作。

第十八条 住校学生必须及时交纳住宿费用,逾期不交者将按学校规定收取一定的滞纳金。寒暑假原则上不安排学生留校住宿,若确实因教学、实习、勤工助学或社会实践等原因需住宿的学生,需经本人申请,填写《寒暑假留校住宿申请表》办理留校住宿手续。住宿的学生必须遵守各项规章制度,并按规定交纳水电费等。

第四章　安全保卫及相关责任

第十九条 学生应自觉维护公寓安全,增强安全意识和法制观念,提高防范能力和自我管理能力。及时劝阻、制止有损公寓安全正常秩序的不良行为。

第二十条 发现火警、火灾等灾害事故时,应及时采取报警、撤离现场、灭火等有效措施,将损失降到最低。发现刑事、治安等案件时,在场学生应保护现场,及时报告保卫部门及宿管中心。

第二十一条 严禁在公寓内存放易燃、易爆、易腐蚀、细菌和病毒标本、剧毒及具有放射性等危险物品。

第二十二条 学生不得在寝室内留宿外来人员。因留宿人员造成其他同学或集体的财产损失、人身伤害的,留宿者须承担赔偿责任。

第二十三条 住宿人员因故需借用本寝室钥匙须凭有效证件到值班室办理手续。住宿人员不得将寝室钥匙借与他人,严禁私自调换门锁或另加门锁。丢失门锁钥匙要及时上报宿管办,由宿管办统一更换门锁,新换门锁的成本费由责任人员承担。违反本条规定引起的一切后果由责任人员承担。

第二十四条 要养成离室锁门的习惯,贵重物品应妥善保管。学生应制止小商小贩在公寓内兜售物品,若发现形迹可疑者,应及时报告宿管中心(办)和保卫处。

第二十五条 增强消防意识。公寓内严禁有以下行为,违反者将受到严厉的处罚,并由有关部门追究当事人的法律、经济责任。

(一)擅自挪用、故意损坏消防器材。

(二)在公寓内使用明火(如焚烧纸张和杂物,使用煤炉、煤油炉、酒精炉等各类有明火的器具)。

(三)违章使用电炉、电热杯、"热得快"、电热褥、取暖器等电热器具,非安全器具及未经管理部门批准的功率大于 200 瓦的其他电器设备。

(四)使用应急灯。

(五)私自拉接电线或通过非正当手段接通电源。

（六）寝室无人时,使用充电器等电器。

（七）在公寓内做饭菜。

（八）乱扔烟蒂。

（九）窃用公电。

（十）其他将给公寓和同学带来消防安全的危害行为。

第二十六条 自觉维护公寓治安秩序,提高防范意识。学生进出公寓大门要求查验有效证件时,须服从值班员的管理;寝室成员违反安全规程和条例,可能给其他同学带来利益损害的,应及时阻止或报告工作人员处理。

第二十七条 要注意公寓内财产和物品安全。因公寓为学生密集、各类人员进出频繁的公共场所,住宿人员不宜在公寓内存放贵重物品和大量现金,否则责任自负;宿管中心不承担财产保险责任,如有需要,住宿人员可自行购买个人财产保险;寒暑假期间,住宿人员应带走个人贵重物品,如有需要,宿管中心可以提供有偿的代管服务。

第二十八条 严格会客制度。来访客人须在值班室登记,交押有效证件后方可进入公寓,会客结束离开时取回所押证件。会客一般不得超过 2 小时,客人在 22:30 前必须离开公寓。上课时间及 22:30 以后,学生公寓一律不会客。学生公寓一律禁止异性进入(经宿管办准许的工作人员或开展工作的学生干部除外)。寒暑假期间,非本公寓人员一般不得进入寝室。

第五章　公共环境及秩序

第二十九条 认真维护公共环境卫生,积极参加公寓公益劳动。室内垃圾须直接倒入垃圾车或指定的垃圾集中堆放点,剩饭菜自觉倒入食堂的泔水桶内,保持学生公寓走廊"24 小时无垃圾",爱护公寓周围绿化地。

第三十条 在公寓内不得有以下行为:

（一）将水倒入卫生筒内。

（二）向窗外、门外、楼下泼水。

（三）随地吐痰。

（四）乱丢果壳、纸屑等杂物。

（五）公共场所堆放脸盆架等杂物。

（六）在门厅、走廊、寝室内停放自行车。

（七）在走廊和房间内私自拉绳晾晒衣物等。

（八）在公寓及周围墙壁上刻画、涂写或张贴、散发各种大小字报、启事、标语、漫画、传单、广告及海报等。

（九）在公寓内饲养狗、猫、乌龟、金鱼等宠物。

（十）在公寓内擅自装修。

(十一)其他影响公共环境和秩序的行为。

第三十一条　讲究文明礼貌。公寓内严禁打球、踢球、滑滑板等。上课、自修时间及熄灯后,不得大声喧哗,不得开展影响他人学习和休息的活动。公寓内严禁赌博、酗酒、起哄闹事,严禁摔酒瓶、瓶胆等爆响物;不得在寝室内吸烟,要团结友爱,互帮互助,珍惜他人劳动成果,自觉配合卫生和纪律检查人员的工作。

第三十二条　严禁经商。未经宿管中心批准,任何学生及单位、团体不得在公寓区从事租赁、修理、代售代销等经营性活动及收费性服务活动。严禁组织旅游票、影视票等代售及校外勤工俭学等中介代理活动和传销活动。

第三十三条　遵守作息时间。养成良好的生活习惯,按时起床、熄灯,公寓楼视天气情况实行定时供电和熄灯制度。一般情况:学生宿舍早上 6:00 开门,晚上22:30 关门,23:00 熄灯。复习和考试期间,夜间熄灯延迟一个小时。晚归者必须说明理由并在"晚归登记本"上登记后方可入内。

第三十四条　每个寝室应制定相应的公约和规范,相互督促,共同遵守。

第六章　公用设施管理

第三十五条　公寓内水电设施、门窗、玻璃、家具及其他设施、设备均为学校财产,要妥善使用和保管,不得私自拆装、调换、故意破坏。否则,要承担一切经济责任,并视情况给予纪律处分。

第三十六条　学生公寓内家具由学校统一配置(卫生工具由各寝室成员共同购置)。个人使用的家具由自己保管,共同使用的家具由集体分工保管,寝室长负责。未经宿管部门同意,一律不准将任何家具转借他人或互换使用;不准将自备或其他场所的家具搬入学生公寓使用;不准将公寓内家具拆卸或搬出使用。学生按规定调整公寓时,家具及其他公共设备不得擅自搬迁。

第三十七条　管理人员定期对公用设施、设备进行清点检查,遇有丢失、损坏现象,相关责任人须按价赔偿,并根据住宿协议及有关规定进行处理。

第七章　水电管理

第三十八条　提倡节约用电,人离灯熄。提倡节约用水,随用随关,杜绝长流水。如发现水电设施损坏,请及时到值班室登记报修,电气设施不得擅自修理。

第三十九条　在公寓内安装和使用大于 200 瓦的电器应向宿管办提出申请,报宿管中心批准。

第八章　维修管理

第四十条　维修工作的管理:

（一）学生公寓的维修管理工作由负责管理学生公寓的物业主管和公寓中心各楼栋管理员具体负责。

（二）各楼栋管理员根据学生公寓的实际情况，对有关设施状况和部位进行定期检查，建立主动性查报和学生、其他工作人员查报相结合的信息反馈系统和收集汇总系统。

（三）学生寝室内照明灯具、电路、门窗、玻璃、家具、床等设施损坏，由学生到楼栋管理员值班室报修；公共场所的水电、玻璃等设施，由楼栋管理员每天检查，发现损坏后及时报修。

（四）楼栋管理员在接到学生的报修或发现需要报修的项目后，应立即查明情况并于 12 小时内向负责管理学生公寓的物业主管报告并提交报修单。

（五）负责管理学生公寓的物业主管接到报修单后，应在 12 小时内安排维修人员进行维修。

（六）维修人员接到报修单后应及时维修，原则上要求小项目在 24 小时内（因材料、施工场地等原因不超过 72 小时）维修好，大修工程须经学校统一决策后再作处理。对于急需解决的突发问题要求立即予以解决。

（七）维修材料购进要严格报批手续，一旦出现不符合规范和标准的情况，要分别追究采购、验收、保管等各个环节当事人的责任。

第四十一条　维修工作的要求：

（一）严格维修材料管理制度。维修材料从采购、出库到使用，都要本着科学、节约的原则，要合理使用，努力降低消耗，减少浪费。

（二）严格维修登记制度。学生报修要认真登记，各楼栋管理员根据维修登记报告分管区域维修人员，每一项维修完毕后，维修人员在报修单上注明所用材料、完工时间，填写设施维修回访单让学生签字，楼栋管理员要在维修登记存根上详细地做好登记，以备核查。

（三）严格维修用工制度。要按照"区域包干，责任到人"的基本要求，努力减少窝工、废料现象，提高用工效率和质量。

（四）没有报修单或不报修，维修人员可以不予修理。接到报修后，维修人员在 24 小时内要对报修情况进行现场查看，如是自然损坏，立即免费给予维修；若属当事人保管不善或过失、故意损坏的，下达缴费通知单，学生凭缴费收据预约修理。

（五）对学生故意损坏公物，必须查明情况，除按规定赔偿外，视情节轻重给予纪律处分。若无明确责任人，则全室共同承担维修费用。对于各类维修项目的收费标准以住宿合同及市场价格为参照。

（六）严格维修监督制度。要加强与学生的联系与沟通，自觉接受广大学生和宿管会的监督，认真听取广大学生的意见和建议，不断提高维修工作的时效和质量。如报修后没有在规定的时间给予维修，学生可以到宿管中心投诉，经查实，确有维修不及时的现象，除立即维修外，将按照维修人员考核办法进行处罚。

第四十二条 自然损坏与人为损坏的界定。

(一)以下几类属自然损坏维修范围:

(1)日光灯管和灯泡老化不亮。

(2)水龙头自然破裂漏水。

(3)洗手池、卫生间下水管老化破裂。

(4)厕所水管总闸老化,其他闸门老化。

(5)其他属于自然损坏的范围。

(二)人为损坏指的是由于人为的疏忽、不正当使用或者故意破坏而导致的设备、设施或者物品的损坏。以下几项属人为损坏的维修范围:

(1)水电维修,如日光灯管(除正常老化外)、灯架、插座、开关、水龙头、水表、冲水阀、便池等。

(2)门窗维修,如寝室门、锁、窗户合页、插销、风钩、锁扣、玻璃、窗帘、滑轨、阳台门及玻璃、厕所门及玻璃等。

(3)供电系统维修,如配电柜、箱的维修。

(4)家具维修,如自修桌、凳子、铁床、床板、床梯及扶手等。

(5)其他维修,如下水道人为堵塞、用电超载导致线路短路以及破损、公共区域的设施维修。

第九章 计算机及网络管理

第四十三条 学生在公寓内使用计算机及网络,必须严格遵守本管理规定。

(一)严格遵守校纪校规和国家关于互联网的法律法规,遵守网络文明公约,自觉维护网络安全。

(二)严格遵守作息制度,准时熄灯关机,自觉使用耳机,不妨碍他人的学习和休息。

(三)计算机主要用于学习,在学校规定的学习时间内(除周五下午 17:00 至周日 18:00 外),严禁使用计算机玩游戏、看电影及从事其他与学习、科研无关的活动。

(四)不沉迷于网络游戏,不查阅、下载、使用、复制、制作、传播反动、不健康以及有碍公共网络和个人电脑安全的信息、图片、音像制品、刊物或计算机软件。计算机拥有者应妥善保管好自己的计算机,如向他人违纪使用计算机提供便利,计算机所有者与使用者要共同承担责任。

(六)执行安全用电规范,自觉维护用电安全,不使用禁用电器,不违规用电,不偷电。

(七)需要开通互联网(含校园网),必须填写《湖南网络工程职业学院学生计算机入网申请表》,审批同意后方可开通。申请上网仅限于本寝室(单间)使用,寝室之间不接线联网,计算机摆放有序。

（八）公寓楼可能出现电压异常波动甚至断电等现象,希望在公寓内使用计算机的学生自行配置可靠的电源稳压保护器。个人承担保管责任,因个人和本寝室其他成员安全防范措施不当造成计算机丢失或损坏,学校不承担任何责任。

第十章　学生寝室布置规范

第四十四条　寝室布置规范化是为了保证寝室的文明、整洁、美观、有序。根据各公寓楼的住宿条件,寝室布置规范如下。

（一）整体布置:室内家具和生活用具按规范化要求定点摆放。寝室布置力求美观大方,格调健康、高雅。

（1）床铺、书桌、储物柜等家具,热水瓶及卫生洁具等,均须根据实际情况,本着美观、有序、方便生活的原则统一定点摆放。

（2）室内要经常通风,保持空气清新。

（二）墙面:墙面布置要统一、美观、健康。所有张贴物均用透明胶或图钉固定,不要使用糨糊和胶水。

（三）床面:要求如下。

（1）是否挂蚊帐,每寝室要统一,床上蚊帐及帐杆须齐高,起床后应将帐帘等挂起。

（2）起床后须将被子叠成矩形状并放在床铺靠窗的一侧,枕头放置于另一侧,内衣等要叠好,可放在被子内侧。

（3）床面不堆放杂物。

（4）床下鞋子、物品放置整齐。

（5）靠走廊窗户在非睡觉作息时间内不得使用窗帘。

（四）桌面:除学习时间外,桌上只能放置茶杯、装饰用品、计算机和少量常用书籍,且应整齐摆放;人离寝室须将方凳置于桌下,桌面不能堆放纸箱等物品。

（五）地面:保持地面清洁,果壳、废纸等应扔进垃圾筒里,不随手乱扔。地面上不乱堆放脸盆、酒瓶、衣物及其他杂物。

（六）个人物品装箱入包,在箱架或空闲床铺上整齐摆放,不乱堆杂物。

（七）其他:

（1）盆(提桶)内平时只放置洗漱用具,脏衣服不得长时间堆放。

（2）室内不得拉绳晾晒衣服,衣服也不能挂在蚊帐杆及铁丝上。

（3）不要将待洗衣物长时间堆放在盥洗室内。

第十一章　学生寝室值日生制度

第四十五条　为保持寝室整洁、优美,培养学生良好的卫生和劳动习惯,防止疾病的传播,特指定每人轮流负责寝室卫生值班制度。

（一）排班:

（1）在开学第一周,各楼栋宿管会和管理员督促所有寝室排定值班表。

（2）每个寝室应确保值班制度的落实和执行。如寝室人员发生变化,寝室长负责调整值班安排,并及时上报管理员。

（二）值日生职责:

（1）值日生必须每天打扫卫生两次以上,将室内公用物品如热水瓶、卫生工具等统一定点摆放。

（2）值日生必须在每天上午 8:00、下午 2:00 之前打扫完卫生。

（3）负责卫生间的清扫和整理(限带独立卫生间的学生公寓)。

（4）负责本寝室走廊的清扫。

（5）为保持寝室及走廊清洁,垃圾一律直接倒入垃圾车或指定的垃圾集中堆放点。

（6）值日生应督促寝室其他成员搞好个人卫生。

（7）值日生应积极配合寝室长组织参与寝室文明建设活动。

（8）周二寝室卫生大扫除由寝室全体同学共同完成。

（9）做好熄灯、报修等寝室日常管理工作。协助寝室长做好寝室安全、纪律等工作。

第十二章　湖南网络工程职业学院"文明寝室"评比办法

第四十五条　学生公寓是学生学习、生活的重要场所,是对学生进行思想政治工作和素质教育的重要阵地,也是安全事故的多发地段和学校安全管理工作的重点,事关学校和社会的稳定大局。为确保学生公寓各项安全稳定工作顺利进行,根据《湖南网络工程职业学院学生公寓(宿舍)管理办法》和《湖南网络工程职业学院关于加强学生公寓(宿舍)管理的补充规定》等文件精神,特制定本评比办法。

（一）评比对象:学校学生公寓所有寝室。

（二）评比时间:每学年 3—6 月,9—12 月。

（三）评比原则:公平、公正、公开。

（四）量化评比指标及定级。

1.量化评比指标:"文明寝室"量化评比指标包括:"文明达标寝室""优秀文明寝室"和"文明示范寝室"三个等级。

2.分值及定级。

（1）周评分在 85 分及以上为文明达标,85 分以下为文明不达标。

（2）文明达标与否,每月认定一次。

（3）一个月内,四次周评分均在 85 分及以上,则被认定为当月的文明达标寝室。如有三次及以下周评分在 85 分以下,则被认定为当月的文明不达标寝室。

(4)一个月内,四次得分之和居各栋前 10% 的寝室,则被认定为当月的优秀文明寝室,当月的文明示范寝室在优秀文明寝室中按 10% 产生。

(5)文明达标实行一标否决。寝室成员如有偷电、使用大功率电器、酗酒、打架、赌博和考试舞弊等违纪行为,受到记过及以上处分,该寝室在处分当月直接认定为文明不达标。

(五)评比实施办法。

1. 评比办法:实施每周检查与每月评比相结合的方式。

2. 评比程序。

(1)“文明寝室”评比具体由学生公寓管理中心负责。

(2)反馈情况,每天下班前学生公寓管理中心发布前一天的大功率电器和晚就寝安全检查情况;每周五前发布本周各寝室的内务检查情况,并写在公寓下面的黑板上;每月 10 号前发布各寝室评比情况。

(3)公示量化评比的结果。

(六)奖惩细则。

(1)学校给每个月的优秀文明寝室和文明示范寝室授予流动红旗和一定的现金奖励,奖金为文明示范寝室 80 元/间,优秀文明寝室 50 元/间。

(2)“文明寝室”的评比情况将作为辅导员考核的一项重要指标。

(3)每学年对积极参与公寓文明建设、参与宿管工作的学生将给予奖励。

(4)文明达标寝室达 90% 以上的班级方有资格参加校级“先进班级”的评选。

(5)公寓管理中心对节约水电、爱护公物、拾金不昧、抓到盗窃分子、阻止小商小贩等好人好事予以表扬和奖励。

(6)一学年内,如果三次被认定为文明不达标寝室,则取消该寝室全体成员在该学年度中的各种评先评优资格和党校培训资格,同时,撤销该寝室成员的团学干部职务。

(7)在“文明寝室”的评比过程中,除了将扣分结果纳入寝室月度考核外,如有违反《湖南网络工程职业学院学生公寓管理办法》的学生,将依照相关管理规定进行处分,并在全院范围内进行公示。

(8)“文明寝室”的评选均采取一票否决制。在评比学年中,寝室内出现火警、火灾事故或公寓管理责任事故者则取消评比资格。

(七)附则。

(1)本评比办法由湖南网络工程职业学院学生工作处负责解释。

(2)本评比办法自发布之日起实施。

第十三章 “文明寝室”评比细则(总分 100 分)

第四十六条 根据湖南网络工程职业学院“文明寝室”评比办法,特制定本细则。

一、卫生(30分)

1.室内地面、门窗、桌椅、厕所干净(10分)

(1)地面无灰尘、烟头、痰迹、纸屑、果壳等垃圾物(3分)。

(2)桌面整洁,电脑、书籍等物品摆放有序(3分)。

(3)门、窗、玻璃、灯具、电风扇无灰尘,无张贴物(3分)。

(4)墙面无蛛网(1分)。

2.厕所干净,无堵塞,无明显异味(5分)

3.衣物袜子及时洗涤,无浸泡发霉、发臭现象(3分)

4.卫生工具齐全:扫把、拖把、垃圾桶、抹布等齐全(2分)

5.垃圾装袋,自行带到楼下指定处(5分)

6.制定了门、窗、灯具、电风扇等物品的卫生责任分工表和寝室卫生值日表(5分)

(二)内务(20分)

1.生活用品摆放整齐有序(10分)

(1)牙具、杯碗、盆桶、水瓶摆放整齐(4分)。

(2)衣服、毛巾晾挂整齐(3分)。

(3)行李箱摆放整齐(3分)。

2.被子叠放整齐,被单平整,床上整洁(5分)

3.床下物品摆放整齐(5分)

(三)纪律(35分)

1.按时作息,按时熄灯,无人在熄灯后上网、打牌、起哄(4分)

2.寝室内无打架斗殴、打牌、酗酒等不良行为(4分)

3.无粗暴阻碍或无理干涉学生干部、宿管员执行公务的行为(5分)

4.无人为损坏公物现象(2分)

5.无私拉乱接、偷电、使用"热得快"等禁用电器与燃具现象(10分)

6.无晚归、夜不归寝和未经批准留宿他人现象(10分)

(四)文化(15分)

1.寝室格调高雅,布置美观,无不健康的张贴物和文字(3分)

2.室风文明,待人有礼貌,娱乐健康,无赌钱现象(3分)

3.寝室成员热爱学习,热爱生活,热爱学校,积极向上(4分)

4.学生干部、党员和入党积极分子以身作则,带头参与文明寝室建设(5分)

第十四章　处罚细则

第四十七条　未经请假,夜不归寝者,发现1次给予严重警告处分,2次给予记过处分,3次给予留校察看处分,4次给予开除学籍处分。周末和国家法定节假日期间,凡外出不在宿舍就寝者,须向辅导员报告。

第四十八条 对未经批准,擅自在校外租房居住者,给予记过以上处分;在校外租房非法同居者,一经发现,视情节给予留校察看以上处分。

第四十九条 未经请假晚归者,发现1次给予批评教育,2次给予警告处分,3次给予严重警告处分,4次给予记过处分,5次给予留校察看处分,6次给予开除学籍处分。

第五十条 学校在每栋公寓门卫处安排了晚间值班人员,晚归者在敲门、登记后方可进入。大门关闭后确有特殊情况需要外出者,须向辅导员请假,并在值班室登记。登记不实信息者,从重处分。晚归或晚出,如果有翻墙、爬门爬窗等危险行为者,发现1次给予警告处分,2次给予严重警告处分,3次给予记过处分,4次给予留校察看处分,5次给予开除学籍处分。

第五十一条 晚22:30后仍留来访客人在寝室内,或将床位转租、转借他人或去他人寝室串门,发现1次给予记过处分,2次给予留校察看处分,3次给予开除学籍处分。

第五十二条 私拉乱接电源线,将空调专用插座挪作他用,发现1次给予严重警告处分,2次给予记过处分,3次给予留校察看处分,4次给予开除学籍处分。

第五十三条 在寝室内使用功率超过200瓦的电器(如电炉、电热杯、"热得快"、电热毯、取暖器、电热锅等,空调除外)或使用明火用于烧水、做饭、炖汤、熬药和取暖,发现1次给予严重警告处分,2次给予记过处分,3次给予留校察看处分,4次给予开除学籍,如因以上行为造成重大事故者记记过及以上处分。如遇特殊情况确需使用者,需向公寓管理中心提出书面申请并经同意。

第五十四条 使用复制卡(白卡)私接热水,发现1次给予留校察看处分,2次给予开除学籍处分。

第五十五条 寝室脏乱,若一个学年内3次被认定为不合格寝室,给予严重警告处分,并取消该寝室全体成员在该学年度的各种评先评优资格、助学金资格和党校培训资格,同时,撤销该寝室成员的团学干部职务。4次给予记过处分,5次给予留校察看处分,6次给予开除学籍处分。

第五十六条 在寝室饲养动物(包括猫、狗、兔、鱼、龟等),发现1次给予严重警告处分,2次给予记过处分,3次给予留校察看处分,4次给予开除学籍处分。

第五十七条 不服宿管老师管教,顶撞宿管老师的,按情节严重程度给予记过以上纪律处分。

第五十八条 对有下列行为之一的,将视情节收取一定的赔偿金,并给予记过以上纪律处分。

(1)因在公寓楼内乱扔烟蒂、焚烧垃圾等过失引起火险;

(2)在室内存放剧毒、易燃、易腐蚀、放射性物品及管制刀具等危险物品者;

(3)擅自挪用消防器材者;

(4)私开电闸及偷换电表保险丝,私自配房门钥匙或调换门锁者;

(5)浪费水资源,情节严重者;

（6）公寓内从事租赁、修理,代售、代销等经营活动及收费性服务活动者;

（7）在寝室内酗酒引发事端;

（8）聚众斗殴、起哄闹事,在公寓楼摔砸酒瓶等爆响物;

（9）赌博或变相赌博;

（10）非法张贴或散发有不当内容的大小字报、标语、漫画、传单等;

（11）干扰、阻碍学校工作人员履行公寓检查或依法、依校规执行公务;

（12）盗用公电及他人财物;

（13）故意损坏家具,擅自搬迁、拆换家具或侵占公共财物;

（14）使用计算机看黄色影片;使用计算机查阅、调用、复制、传播计算网络中的反动、黄色影像制品、刊物和计算机软件者;传播计算机病毒,攻击他人计算机造成损失者;

（15）其他严重违反公寓管理条例的或造成严重后果和恶劣影响的行为。

第五十九条　在公寓楼内进行下列活动者,将予以通报批评以上纪律处分并在综合测评中给予扣分。

（1）未经批准,私自调换寝室,占用另外床位;

（2）在公寓楼内乱刻画,污损寝室或走廊墙面;

（3）将寝室钥匙转借他人,私自换、加门锁未报备者;

（4）向窗外和楼道上乱倒污水、垃圾、剩饭、剩菜;乱扔果壳、纸屑等杂物;

（5）在公寓楼内随地便溺;

（6）在公寓内打球、踢球、溜冰、玩滑板、骑(停)自行车;

（7）扰乱学生公寓管理秩序,在自修、午休时间或熄灯后在学生宿舍内或附近喧哗、打牌、高声播放音响等影响他人学习和休息的活动;

（8）在公寓楼内吸烟影响他人的;

（9）在学校规定的时间内,在寝室内使用计算机玩游戏、看电影或从事其他与学习、科研无关的活动(累计3次取消计算机准入资格);

（10）恶意拨打“119”“110”“120”等服务电话及学校急用值班电话;

（11）其他违反公寓管理条例的行为。

第十五章　附　则

第六十条　本办法由学生工作处负责解释。

第六十一条　本规定自公布之日起施行。

湖南网络工程职业学院
学生公寓（宿舍）空调设备使用与管理办法

第一章　总　则

第一条　为进一步规范学校学生（宿舍）空调管理与使用行为，营造良好的学生生活、学习环境，确保空调设备安全、经济运行，特制定本办法。

第二条　本办法适用范围，包括本校区所有安装空调的学生公寓（宿舍）。

第三条　本办法规定之空调设备，包括学生公寓（宿舍）内的空调挂机、空调外机、空调遥控器、空调专用插座、空调线路以及空调外机托架等。

第二章　空调设备的日常管理及维护与维修

第四条　空调设备的日常管理，由学校宿管中心负责。每年春、秋季安全检查时，宿管中心安排人员对空调设备完好情况进行检查。

第五条　任何部门和个人不得私自拆除或打开空调设备，如果空调出现异常情况要及时报修。

第六条　人为损坏空调设备，责任人须照价赔偿，并参照《湖南网络工程学院学生违纪处分办法》第三章第十条第三点予以处理。如责任人不明确，则由全体宿舍成员共同负责。

第七条　空调设备日常维保由学校宿管中心负责，包括对空调设备的清洗、加氟和维修等。为保证空调设备正常运行，学校将委托专业公司每年至少对空调设备进行一次免费清洗、保养，具体时间以宿管中心的通知为准。

第三章　收费管理

第八条　电费管理：空调使用采取以宿舍为单位先购电后使用的原则，空调消费费用由寝室长召开全体室员会议协商解决。学生退、换宿舍时，因使用空调产生的电费及电表剩余电量由宿舍内部人员协商解决，同时须告知收费室核实电费。

第九条　遥控器管理：每间宿舍所有成员协商一致后应推选出一名领取人负责到宿管中心领取空调遥控器，领取时需交纳押金（50 元/个），使用时需学生自行购买电池。在使用过程中出现遗失或损坏（包括人为摔坏、未及时取出电池导致的遥控器短路损坏等),由该宿舍学生协商自行到宿管中心登记购买(50 元/个,不含电池)。如领取人发生退、换宿舍情况,需将遥控器交至宿管中心并办理相关手续,宿舍其他学生需继续使用空调的,按照上述办法重新办理领取遥控器手续。学生毕业离校时,须将遥控器和押金条归还至宿管中心,宿管中心将退还押金。遥控器丢失或损坏的需照价赔偿。

第十条 空调用电单价按长沙市居民生活用电价格进行结算。

第四章　使用管理

第十一条 使用者应严格按照《空调使用说明书》操作。学生首次使用空调,应检查空调遥控器是否正常。在空调使用过程中若出现异常情况,应快速切断空调电源,立即在宿管中心登记并报修,不得私自拆修。

第十二条 空调运行中要关闭门窗,夏季空调温度设置应不低于 26℃,冬季空调温度设置应不高于 20℃,确保使用效果和节约用电。空调不运行时应经常开启门窗,保持室内空气的清新。

第十三条 学生宿舍空调插座为空调室内机专用插座,严禁接插其他用电设备,严禁私自改变空调电源使用用途和私自拆装、挪动空调设施设备;禁止将空调用电线路与照明用电线路串接用电,禁止从楼层表箱接线用电或改接表箱现有出线,防止不同电源点线路短路事故和其他安全隐患。

第十四条 严禁在空调电源线上拴接绳索或晾晒物品,严禁在空调内机、外机上堆放杂物,不得在空调设备上乱写、乱画、乱贴、乱刻,不得在空调外机支架上挂、搭物品。离开宿舍应关闭空调,长时间不用空调应拔出插头。

第十五条 空调运行过程中,严禁带水触碰空调设备,不得直接用水冲洗设备。禁止使用钝器、锐器等对系统设备及其供电线路实施敲、砸、烧等不文明行为。

第十六条 对于不按规定使用空调设备的学生,一经发现,学校将根据情节轻重对责任人给予批评教育乃至相应的纪律处分;造成设备损坏及人身伤害的,责任人除将受到纪律处分外,还承担经济赔偿责任和法律责任;无法确定具体责任人的,由宿舍全体人员共同承担责任。学生违纪表现还将纳入当年的"学生综合素质测评",作为评奖、评优的重要依据。

第五章　附　则

第十七条 学校将根据本办法施行情况和管理需要适时进行修订。

第十八条 若出现外围电力保障条件受限或学校内部电力设施超载、危及电网安全等情况,应服从学校统一电力调度,优先保证教学、生活等重要负载用电需求。

第十九条 本办法由学生工作处负责解释。

第二十条 本办法自学校印发之日起施行。

湖南网络工程职业学院综合素质测评方法

第一章　总　则

第一条　为全面贯彻落实党的教育方针,进一步加强和改进学生思想政治教育与管理工作,促进学生德、智、体、美、劳全面发展,培养社会主义事业的合格建设者和接班人,根据《中共中央国务院关于加强和改进新形势下高校思想政治工作的意见》等文件,结合我校实际,制定本办法。

第二条　学生综合素质测评是对学生每学年综合素质的评定,凡具有我校学籍的普通全日制在校生,均有参加综合素质测评(简称"综合测评")的权利和义务。

第三条　综合测评每学年进行一次,在第二学年开学后的一个月内完成。

第四条　综合测评是学生品行学分成绩的重要依据,测评成绩低于85分者,不能参加学校的评奖评优。

第五条　综合测评的内容包括德育素质、学习成绩、智育素质、文体素质、社会实践能力五个方面,计算方式为:综合测评总成绩 = 德育成绩×20% + 学习成绩×30% + 智育成绩×20% + 文体成绩×10% + 社会实践×20% + 基础分60,总分上限为150分。其中,同一赛事或活动只按最终获得最高荣誉加分,不重复计算。

第二章　德育素质测评

第六条　德育素质测评是对学生的思想政治素质、遵纪守法素养、道德修养、生活作风、集体观念五个方面进行的测评,计算公式为:德育累计分×20%。

第七条　德育素质测评包括五个方面的内容,每个方面均包括加分项与减分项。具体加减分细则如下。

(一)思想政治素质

(1)在思想政治方面积极上进。党员自觉按照党章要求和党员条件严格要求自己。不按时递交思想汇报,每次扣1分;无故不参加党员会议、党员活动,每次扣2分。团员自觉按照团员条件要求自己,积极参加团组织生活,无故不参加团组织生活的每次扣1分。

(2)报告会、主题班会、民主生活会、公益劳动和规定参加的集体活动未经请假而缺席者,每次扣1分,其中党员、发展对象、入党积极分子、团学干部、班干部每次扣 2 分。

(3)积极参加校、院组织的政治学习,获校级表彰者加 3 分,获院级表彰者加 2 分。表彰以文件、证书为依据。拒绝参加政治学习者,每次扣 1 分,其中党员、发展对象、入党积极分子、团学干部、班干部每次扣 2 分。

(4)本年度被评为三好学生、优秀学生干部、优秀团员、团干、优秀党员者等荣誉,省级的加 8 分,校级的加 5 分,院级的加 3 分。

(5)参加政治理论学习竞赛活动,获省级及以上一、二、三等奖及优胜奖者,分别加 10 分、8 分、5 分、3 分;获学校一、二、三等奖及优胜奖者,分别加 5 分、4 分、3 分、2 分;获二级学院一、二、三等奖者分别加 3 分、2 分、1 分。

(6)在校内外公开刊物发表政治理论学习文章的,国家级刊物每篇加 8 分,省级刊物每篇加 5 分,校级刊物每篇加 1 分(校级累计加分最高为 3 分)。

(7)有反对四项基本原则的反动言论和行为,煽动闹事、游行集会、张贴大小字报、参加邪教组织、参加传销等非法组织(非法活动),破坏安定团结、扰乱社会秩序者扣 20 分。

(二)遵纪守法素养

(1)遵纪守法,恪守公民基本道德规范。言论富有责任感,不在群体内、网上散播谣言,不发表任何损害集体利益的言论。如有违反者,每次扣 5 分。

(2)军训期间获得"优秀军训个人"称号者,加 3 分。

(3)见义勇为,敢于同一切违法犯罪行为和不良倾向作斗争,受国家级表彰者加 20 分,受省(部)级表彰者加 10 分,受校级表彰者加 8 分,受院级表彰者加 5 分。中共党员、团学干部工作严重失职,对突发事件或恶性违法违纪案件不报告、不制止或对受伤者不抢救的,每次扣 3 分;在事故中负有领导、组织责任者,每次扣 10 分。

(4)受院级通报批评一次扣 3 分,受校级通报批评一次扣 5 分;受警告处分者扣 8 分;受严重警告处分者扣 10 分;受记过处分者扣 15 分;受留校察看处分者扣 20 分(在察看期内者,只计算得分,不参加评奖)。

(三)道德修养

(1)尊敬师长,尊重他人;团结协作,乐于助人;男女交往,举止得体。公然顶撞老师,不服从教育者,每次扣 5 分;辱骂他人、公共场合男女交往举止不文明者,每次扣 2 分。

(2)遵守国家法律法规、地方政府的各项法规以及校纪校规,维护公共秩序,不妨碍他人正常工作、学习和休息,遵守社会公德,举止文明,谦虚谨慎;待人有礼,自觉遵守《高等学校学生行为准则》。在公共场合吵闹、妨碍公共秩序,不讲究文明礼貌,扰乱教学秩序或干扰他人学习者,每次扣 1 分。

(3)具备良好的诚实守信意识,按规定按时向学校缴纳学费及有关费用,延迟两个月缴纳学费者扣 2 分,延迟一个学期缴纳学费者扣 5 分,到测评时还未缴纳学费者扣 10 分。

(4)积极参加无偿献血活动,每献血1次加2分,但每学年最多不超过4分(以无偿献血证为依据)。

(5)向需要帮助的家庭或个人提供帮助、奉献爱心、捐款捐物者加2分(以感谢信、证明或登记材料为依据)。

(6)乱吐痰、乱扔瓜皮果壳、乱泼水、乱倒饭菜、乱涂乱画乱贴、在校园内禁止吸烟的地方吸烟,每次扣1分。衣冠不整(穿拖鞋、背心等),带食物(不包括饮料)进入教室、实训室、机房、图书馆、会场等场所,每次扣1分。

(7)损坏公物视情节轻重扣3~5分,故意污损教室、寝室墙面、桌面和其他公共设施,攀折花木者,每次扣2分。

(8)酗酒、起哄、摔瓶子等扰乱校园秩序者,每次扣5分。

(9)对教职工和进行管理的学生干部出言粗俗,态度蛮横者,视情节每次扣2~4分。

(10)谎报、瞒报个人和家庭信息(包括父母亲姓名、家庭住址、联系方式、家庭经济状况等),一次扣5分。

(四)生活作风

(1)在文明寝室评比活动中,被评为文明寝室,寝室成员每人加3分,寝室长加5分;被评为示范寝室,寝室成员每人加5分,寝室长加8分。

(2)寝室被认定为文明不达标的,寝室全体成员每人每次扣3分,寝室长扣5分。一个学期内三次被认定为文明不达标的,取消该寝室全体成员在该学年度的各种评先评优资格、助学金资格和党校培训资格,同时,撤销该寝室成员的团学干部职务。

(3)晚归每次扣3分,夜不归寝每次扣5分,私自在外租房每次扣8分。

(4)在寝室存放危险品(酒精、汽油等)、私拉乱接电线、违章用电或使用电炉、煤油炉、酒精炉等烧菜做饭者,每次扣3分。

(5)未经批准而私自调换寝室,每次扣3分。

(6)在学生公寓(宿舍)楼道和寝室内打球或大声喧哗,扰乱公寓(宿舍)管理秩序者,每次扣3分。

(7)未经批准,男生进入女生宿舍或女生进入男生宿舍,每次扣3分。擅自留宿外来人员者,每次扣5分。

(五)集体观念

(1)维护集体利益,团结同学,关心同学,与同学融洽相处;与班集体关系疏远,故意挑拨同学间的关系,不配合团支部、班级工作者扣2分。

(2)所在班级、团支部被评为院级先进集体,其团支部委员会、班委会干部每人加3分,其他成员加2分。被认定为班级建设或团支部建设不合格,班、团干部每人扣5分,其他成员每人扣3分。

(3)社团被评为优秀社团的,社团干部每人加3分,社团成员每人加2分。

第三章　学习成绩

第八条　根据学生学年实际考分,按下面的公式计算得出"学习成绩"分值,计算公式为:学习成绩累计分×30%。

$$学习成绩 = \frac{本学年两个学期综合成绩的平均分 \times 100}{同年级、同专业最高分数}$$

(1)学业成绩以学校教务系统各门课程成绩为准(其中成绩转换按如下办法:中文制记分转为百分制记分方式,优为90分,良为80分,中为70分,及格为60分,不及格为50分;字母制记分转为百分制记分方式,A为90分,B为80分,C为70分,D为60分,E为50分。选修课不计入成绩总分)。

(2)按学年开课的,以总评成绩计。

(3)因特殊情况经二级学院批准缓考的学生,在综合测评前参加缓考按照缓考分数计算,如综合测评开始后院里未安排缓考其分数以60分计算。

第四章　智育素质测评

第九条　智育素质测评是对学生的专业文化素质、职业素质与职业技能、学习态度、科技创新能力四个方面进行测评,计算公式为:智育累计分×20%。

第十条　智育素质测评包括四个方面的内容,每个方面均包括加分项与减分项。具体加、减分细则如下。

(一)职业素质与职业技能

(1)取得国家或行业认可的资格证书,每证加2分。

(2)参加职业技能竞赛获奖者,国家级加20分,省级加15分,校级加10分,院级加4分。

(3)创业大赛或职业生涯规划大赛中获奖者,国家级加20分,省级加15分,校级加10分,院级加4分。

(4)通过英语等级考试三级加2分,通过四级加4分,通过六级加6分。

(5)通过计算机应用能力二级加2分,通过三级加4分。

(6)通过国家语言文字委员会举办的汉语普通话测试,达到二级乙等加2分,达到二级甲等加3分,达到一级乙等加5分。

(7)在各级学科竞赛(包括征文、学科知识竞赛)中,获省级及以上奖励者加15分,校级获奖者加6分,院级获奖者加3分。

(二)学习态度

(1)专心听课,遵守课堂纪律,在课堂上积极配合任课老师;任课老师反映不遵守课堂纪律者,每次扣1分。

（2）每次都应按时、按质、按量完成课程作业；欠作业一次扣1分。

（3）禁止旷课、早退、迟到等现象，迟到每次扣1分，早退每次扣2分，旷课每次扣3分。

（4）遵守考试纪律，考试舞弊每次扣2分。

（三）科技创新能力

（1）学生拥有科研成果或研制出科研产品，经学校科研处审定，可适当加分，最高不超过10分。

（2）获国家专利1项加30分。

（3）获科学发明、科技创作奖励者，省级、国家级每项分别加15分、20分。

（4）开展科研活动、积极撰写科研论文（包括文学、艺术等作品），论文公开发表在校级刊物上加3分，省级刊物加5分，国家级刊物加10分。

（5）积极参加各种科技活动，获学校、省级、国家级表彰，每项分别加8分、15分、30分。

（6）积极参加学生学术交流活动，校级主讲人加5分，课题小组其他成员加2分。

（7）凡个人向校广播站或校公开出版刊物投稿并被采用，每篇加1分，此项可累计加分，最高不超过10分。在省级以上报刊、电台、电视台投稿并被采用的加5分，其他宣传报道（包括校园网、院报等采用的新闻或稿件）每条加1分。

第五章　文体素质测评

第十一条　文体素质测评是对学生的体育素质、文娱素质两个方面进行测评，计算公式为：文体累计分×10%。

第十二条　文体素质测评包括两个方面的内容，每个方面均包括加分项与减分项。具体加、减分细则如下。

（一）体育素质

（1）积极参加校内外各类体育竞赛（如运动会、各类球赛、棋赛等）的运动员，每次加2分。有体育特长而不愿意参加体育竞赛者，每次扣2分。

（2）参加体育竞赛，获学校第一、二、三名者，分别记6分、5分、4分，其他名次记3分；获省级及以上第一、二、三名者，分别记15分、10分、8分，其他名次记6分，参加但未获奖者加4分。

（3）参加体育比赛啦啦队者，每个人加1分。

（二）文娱素质

（1）参加学校组织的大型文艺演出活动者，每次加3分。有文娱特长而不参加者每次扣2分。

（2）二级学院、班级组织的文艺演出活动的参加者，每次分别加 2 分。有文娱特长而不参加者每次扣 1 分。

（3）学校组织的大型文艺竞赛活动一、二、三等奖的节目参加者分别加 8、6、4 分；代表学校参加各类文娱竞赛，获省级及以上第一、二、三名者，分别记 20 分、15 分、10 分，其他名次记 6 分，参加但未获奖者加 4 分。

第六章　社会实践测评

第十三条　社会实践测评是对学生的组织管理能力、社会实践活动两个方面进行测评，计算公式为：社会实践累计分 ×20%。

第十四条　社会实践测评包括两个方面的内容，每个方面均包括加分项与减分项。具体加、减分细则如下。

（一）组织管理能力

（1）在院团学会任职并经考核合格者：团委学生副书记、主席团成员加 6 分，部门负责人加 5 分，工作人员加 3 分。中途退出者不加分；经考核工作不到位、不负责任者，不加分。

（2）在系团学会任职并经考核合格者，团委学生副书记、主席团成员加 5 分，部门负责人加 4 分，工作人员加 2 分。中途退出者不加分；经考核工作不到位、不负责任者，不加分。

（3）在各学生协会担任协会负责人，经考核合格者加 4 分，协会会员加 2 分。

（4）在二级学院学生党支部担任职务，经主管部门考核合格者，学生党支部副书记加 5 分，支部委员加 4 分，组长、副组长 3 分。经考核工作不到位，不负责任者，扣 5 分。

（5）班级助理经辅导员考核合格者加 3 分；辅导员助理经辅导员考核合格者加 6 分。

（6）以班级为单位参加的各类比赛、活动中，获校级以上集体荣誉的班级成员，按如下细则加分：获校级一、二、三等奖，该班全体成员分别加分 5、4、3 分；获院级一、二、三等奖，该班全体成员分别加分 3、2、1 分。参加者每个人另外再加 2 分。

（7）加分审核程序：校级干部，学生干部写申请书—主席团—校团委；院级、班级干部，学生干部写申请书—学院主席团—二级学院。

（二）社会实践活动

（1）参加青年志愿者活动、社区服务活动，每次加 1 分。

（2）获省市及以上优秀青年志愿者加 10 分，校优秀青年志愿者加 6 分，二级学院优秀青年志愿者加 3 分。受学校及以上表彰者，每次加 2 分。

（3）积极参加班级社会实践活动且社会实践成绩优秀者加 2 分，积极参加二级学院假期社会实践活动，所参加的社会实践受到校级或当地政府及以上表彰者加 3 分。

（4）社会实践报告获奖者，省级及以上加 10 分，校级加 5 分，院级加 3 分。

（5）按要求必须参加实践活动而未参加的,每次扣5分。

（6）在第一时间向学校和老师反映有关信息,使学校得以及时采取措施,成功避免突发事件、安全事故和同学人身财产安全事故的,一次加20分。

（7）关心学校、院发展建设,积极向学校二级学院提出合理化建议,被采纳者,每条加3分。

第七章　测评机构及程序

第十五条　各班成立综合测评小组,辅导员担任组长,班长、副班长、团支部书记、学习委员、组织委员和3~5名学生代表为成员,负责本班测评工作的具体实施。

第十六条　各二级学院成立学生综合测评领导小组,学院党委书记、所在二级学院院长担任组长,学工办主任为副组长,辅导员代表、教师代表、学生干部代表和学生代表为成员,负责本学院测评工作的组织和测评结果的终审并接受学生对测评结果的申诉。

第十七条　学校成立院学生资助工作领导小组。

第十八条　综合测评得分60~79分为合格,80~89分为良好,90分以上为优秀。

第十九条　综合测评分低于60分者必须参加品行学分的重修。重修细则如下。

（一）学生品行学分重修范围及缴费

（1）每学期学生品行得分低于60分者,必须重修,否则不能取得毕业资格,只发结业证。

（2）学生重修品行学分时,必须缴纳重修费用。

（3）重修费主要用于理论教学课时费、联系与开展社会实践活动费、书籍与资料费、与重修有关的活动费及其他相关费用。

（二）学生品行学分重修主要内容

（1）开设思想政治教育理论课程或举办有关思想品德学术报告,6~10学时。

（2）组织学习学生管理有关制度,4~8学时。

（3）组织开展读书活动并写学习心得体会,每人2~3篇。

（4）组织学生开展寝室文明竞赛活动,1~2月。

（5）组织学生开展义务劳动或社会实践活动,2~3次。

（6）组织学生开展重修经验交流会或座谈会,每学期1次。

（三）学生品行学分重修要求

（1）学期品行学分重修学生,必须重修上述全部内容。

（2）毕业品行学分重修学生,视具体情况重修上述部分内容。

（3）学生重修品行学分时,原则上利用晚上和休息日进行,一般不影响其他方面的学习。

（4）凡重修不及格者,必须继续进行重修,直到重修及格为止,否则不能取得毕业资格。

（5）学生品行学分重修内容由学生工作处制定,各二级学院执行。

第八章　附　则

第二十条　每年的测评表格和结果进入学生档案。

第二十一条　测评结果作为学生参评三好学生、优秀学生干部、单项先进个人、奖学金、助学金、困难补助、入党和推荐就业、参军入伍、志愿服务西部以及报考村干部的重要依据。

第二十二条　本办法由学生工作处负责解释和修订。

第二十三条　本办法自公布之日起施行。

湖南网络工程职业学院
学生请假规定

（试行）

为加强对我校学生的教育和管理,维护学校正常的教育教学秩序,根据教育部《普通高等学校学生管理规定》的文件精神,制定本规定。

第一条 凡我校学生都必须严格遵守《大学生入学教育》以及学校发布的相关管理规定,遵守纪律,参加学校组织的各种活动,服从管理,配合教学二级学院和辅导员完成各项教学和管理工作。

第二条 学生请假应事前办理请假手续,经批准后方为有效。除急病、紧急事情外,不得事后补假。如确需续假,可以办理一次续假手续。请假期满应按时返校,并及时到批准假期的管理部门销假。

第三条 学生在校期间不得擅自离校,学生因故确需离校者,必须向辅导员提出书面请假申请,不得通过电话或委托请假,并提交安全责任承诺书。学生离校外出期间生命财产安全责任由学生本人承担。请假学生必须按请假约定时间按时返校并本人找辅导员销假,没有按时返校销假的一律按擅自离校处理。

第四条 学生因病请假需向辅导员提供三甲医院诊断书和医院出具的病休证明。学校医务室的诊断证明只能请一天以内病假。

第五条 学生在校期间(含寒暑假以及节假日)境外出行必须事前请假,请假学生应提供以下材料:①本人书面请假书;②境外活动行程安排,需加盖组织单位公章;③本人及家长签名的安全承诺书。以上材料一式三份,经二级学院领导签署意见后报学生工作处、保卫部各一份备案,并上报学校主管领导。

第六条 请假1天,学生本人必须提前向辅导员请假并于当晚返校;请假1天以上3天以内,由二级学院学工办主任批准;请假3天以上7天以内,由二级学院党委副书记批准;请假7天以上14天以内,由二级学院党委书记及学生工作处学生教育管理科批准并备案;请假14天以上由二级学院党委书记及学生工作处处长批准并备案。学生每次请假时间(含续假时间)不得超过4周,因重大伤病或传染病需要治疗或休养的,不得超过6周。学生每学期累计请假时间超过6周应办理休学手续。请假学生应向辅导员留个人有效联系电话以便及时联系,未按时返校者按擅自离校和旷课处理。

第七条 请假学生返校后需本人亲自到辅导员处销假,不得以电话、网络、他人代理以及其他非本人亲自办理方式销假。

第八条 毕业生如因外出兼职、求职、应试的,必须在离校前向二级学院汇报并提供以下材料:

(1)毕业生本人书面请假申请书一份,申请书需有毕业生本人和毕业生家长(父母)亲笔签名同意并附上学生及家长联系电话。

(2)毕业生本人和毕业生家长(父母)亲笔签名的离校期间的安全承诺书一份。

(3)学生离校外出期间必须保持手机及其他通信方式畅通,每周主动向辅导员报告。

请假期满必须按时返校,未按时返校者按擅自离校和旷课处理。

第九条 学生离校外出期间要注意加强体育锻炼、讲究卫生,积极采取各种措施防止感染传染性疾病。一旦发现感染传染性疾病,应当积极配合有关部门做好疾控工作,不得瞒报有关信息。对瞒报信息者视情节给予处分,因瞒报信息导致传染他人者,按照有关规定给予严肃处分。

第十条 学生因故外出时必须高度重视人身财产安全,杜绝事故发生。发生事故后应冷静处理,及时和家长、学校取得联系,多方配合协调,力争使事故得到最有效的控制。

第十一条 本规定适用于湖南网络工程职业学院所有在籍在册学生。

第十二条 本规定由湖南网络工程职业学院学生工作处负责解释。

湖南网络工程职业学院
毕业生文明离校规定

为保证毕业生文明、安全、有序离校,愉快地走上工作岗位,防止各种违法违纪以及不良现象发生,维护学校正常的教学、管理和生活秩序,特制定本规定。

第一条 毕业生应自觉提高自己的文明素养和思想道德修养,在毕业离校过程中讲文明、讲礼貌、讲道德、讲秩序,严格执行湖南网络工程职业学院大学生相关管理规定,规范离校行为。

第二条 毕业生应在离校前保证公物完好无损,并经学生公寓管理办公室办理交接验收手续。财产有损坏的,由责任人赔偿;无责任人赔偿的,则由该宿舍全部成员共同承担赔偿责任。

第三条 毕业生应在办理完离校手续后,按学校规定的时间离校。如确有特殊情况需暂缓离校的,须向学生工作处申请,许可后按规定住宿。

第四条 毕业生要善始善终遵守学校的各项规章制度,文明离校。离校前要做到以下几点:

(一)自觉遵守、维护学校正常学习、工作、生活秩序,不干扰、影响非毕业班学生的学习和考试。

(二)爱护公共财物,不破坏、污损学校宿舍、教室等场所的各种公共设施。

(三)妥善保管个人有关证件、材料和物品,不乱拿或错拿他人财物。

(四)不得酗酒,不得借酒生事、打架斗殴。

(五)离校前将教室及所住宿舍打扫干净,不乱丢、乱堆放及在宿舍区焚烧废弃物品。

(六)对毕业生离校期间恶意破坏公物和带头起哄闹事等严重违纪行为,除按章严肃处理外,缓发毕业证。

(七)对于毕业生离校前的违纪行为,学校将如实通报用人单位,其后果由毕业生本人自负。违纪情节严重者,缓发毕业证,对违反法律法规者移送司法机关。

第五条 本规定自公布之日起施行,由学生工作处负责解释。

湖南网络工程职业学院
学生评优评先管理办法

第一章 总 则

第一条 为贯彻党的教育方针,促进学生德、智、体、美、劳全面发展,鼓励学生刻苦学习、奋发向上,成为有理想、有道德、有文化、有纪律的社会主义建设者和接班人,根据《中华人民共和国教育法》《中华人民共和国高等教育法》和《普通高等学校学生管理规定》等法律法规,结合学校实际,制定本办法。

第二条 本办法适用于学校普通全日制在校生。

第二章 评选类型和奖励

第三条 学校设立以下个人荣誉称号。

(一)三好学生标兵。

(二)三好学生。

(三)优秀学生干部。

(四)优秀毕业生。

(五)优秀团员。

第四条 学校设立以下集体荣誉称号。

(一)先进班集体。

(二)先进团支部。

(三)优秀学生社团。

第五条 学校对获得上述荣誉的个人与集体采用以下方式予以表彰。

(一)授予荣誉称号。

(二)通报表扬。

(三)颁发喜报。

(四)颁发证书。

学校对个人所获荣誉记入学生档案。

第三章 评选条件

第六条 三好学生标兵评选条件如下。

(一)符合本规定第七条所列条款。

(二)在政治思想、道德品质等方面表现突出,获得公认与好评。

(三)学习成绩在本年级名列前茅,并在学术活动、学习竞赛中表现突出,成绩优秀。

(四)三好学生标兵评选名额不超过本年度所评三好学生总数的3%。

第七条 三好学生评选条件如下。

(一)热爱社会主义祖国,拥护党的基本路线,自觉遵守国家法制法规和学校各项规章制度,勇于与不良倾向作斗争,积极参加劳动和社会实践活动,品行端正,具备一定的群众基础。

(二)喜爱所学专业,学习刻苦,勤于思考,勇于创新,知识基础扎实,积极培养自身能力。本专业上一学年学习课程考试成绩平均不低于80分,且无不良记录。

(三)积极参加体育锻炼和文娱活动,达到《大学生体质健康标准》;讲究个人卫生和公共卫生,在创建文明宿舍活动中起到积极作用。

二级学院三好学生评选名额不得超过学生总数的20%,校级三好学生在二级学院三好学生中评选产生,不得超过二级学院三好学生的50%(团委、学生会干部名额在比例之内)。

第八条 优秀学生干部评选条件如下。

(一)热爱社会主义祖国,拥护党的基本路线,自觉遵守国家法制法规和学校各项规章制度,勇于与不良倾向作斗争,积极参加劳动和社会实践活动,品行端正,具备一定的群众基础。

(二)优秀学生干部荣誉获得者应是校团委各部正、副部长,二级学院团委副书记、部长,学生会正、副主席,学生社团主要负责人,学生党支部、团支部、班委会干部,广播站、国旗班、校卫队、宿管会、礼仪队主要负责人。

(三)具备三好学生的基本条件,本专业上一学年学习课程考试成绩平均不低于75分。

(四)热心公益,服务同学,工作能力强,成绩突出。

(五)密切联系同学,作风正派,坚持原则,模范带头,在同学中有一定的组织能力。

二级学院优秀学生干部评选比例不得超过学生干部总数的20%,评选依照学生德、智、体综合测评办法进行,按照学年度平均分从高分到低分,适当考虑班级分布的原则进行,校级优秀学生干部在二级学院优秀学生干部中产生,评选比例不得超过二级学院优秀学生干部的50%。

第九条 优秀团员评选条件如下。

(一)严格遵守《团章》规定和学校规章制度,履行团员义务,发挥好模范作用。

(二)积极参加学校和班、团组织的各项活动,在校风学风建设、文明校园建设、校园文化建设等活动中表现突出,取得了一定成绩。

(三)学习刻苦,成绩优良。

(四)社会责任感强,积极参加社会实践和志愿服务活动。

优秀团员原则上按团员总数的8%确定名额。

第十条 优秀毕业生评选条件如下。

(一)认真学习习近平新时代中国特色社会主义思想,政治素质过硬。

(二)学习勤奋刻苦,学业成绩优秀,具有较强的实践能力和创新精神。

(三)遵纪守法,在校期间无任何违法违纪行为。热爱集体,关心同学,积极参加校内外实践及公益活动。

(四)身体健康,在校期间达到《学生体质健康标准》良好以上等级。

(五)校级优秀毕业生推荐名额控制在毕业生总数的9%以内。

(六)在校生(含新生)参军入伍退役后复学或入学,满足毕业条件的,可优先评选,不受评选指标限制。对响应国家号召,参加国家或湖南省组织实施的基层就业项目,自愿到基层、边远地区、贫困县和艰苦行业就业的毕业生,特困家庭毕业生或身体残疾毕业生,在同等条件下可优先推荐。

第十一条 先进班集体评选条件如下。

(一)全体同学拥护中国共产党领导,努力学习马克思列宁主义、毛泽东思想、邓小平理论、"三个代表"重要思想、科学发展观,深入学习习近平新时代中国特色社会主义思想,维护安定团结的政治局面。

(二)认真组织政治学习、团学活动,政治学习或团组织生活会出勤率须在95%以上,并有会议记录和考勤记录。

(三)学习风气好,学习成绩优良,年度全班及格率在90%以上,优良率在50%以上。

(四)积极组织全班同学开展文娱、体育活动,能坚持课余体育锻炼。

(五)全班同学能遵纪守法,遵守学校规章制度,考风考纪好,无违纪、舞弊现象,爱护公共财产,维护集体利益,维护公共道德,文明礼貌,讲卫生,宿舍整齐、干净,没有在公共场所起哄、嘘闹等现象;团结互助,尊敬师长,无打架斗殴现象。

(六)班委会、团支部组织健全,工作得力,干部能模范带头,团结协作,敢抓敢管,工作成绩较明显。

(七)辅导员热爱学生工作,责任心强,工作有计划、有记录、有总结,经常深入学生中了解情况,认真做工作。

先进班集体评选比例为全校班级总数的10%。

第十二条 先进团支部评选条件如下。

（一）支部组织机构健全，支委分工明确、团结协作，工作有成绩。

（二）支委成员严格自律，模范遵守《团章》规定和院纪院规。团支部充分发挥战斗堡垒作用，班风、学风良好。

（三）学习风气好，学习成绩优良，年度全班及格率在90％以上，优良率在50％以上。

（四）支部建设规范，支部组织生活、团员发展、团员教育与管理（含团员证管理、团员注册、团费收缴等）、团务记录等工作执行正常。

（五）全班同学能遵纪守法，遵守学校规章制度，考风考纪好，无违纪、舞弊现象，爱护公共财产，维护集体利益，维护公共道德，文明礼貌，讲卫生，宿舍整齐、干净，没有在公共场所起哄、嘘闹等现象；团结互助，尊敬师长，无打架斗殴现象。

（六）团内推优工作有成效。

评选比例上按团支部总数的8％确定名额（毕业班团支部不参与评比）。

第十三条 优秀学生社团评选条件如下。

（一）拥护党的领导，坚持四项基本原则，遵守国家法律和学校规章制度，维护国家利益和学校稳定。

（二）有明确的章程，内部工作机构完善，日常工作制度化、规范化，社团运作良好。

（三）服从管理，工作上和其他相关的学生组织密切配合，工作效率高。

（四）积极开展社团活动，能调动成员的积极性，使成员受益。

（五）社团发展建设取得优异成绩，在服务同学、校园文化建设方面表现突出，在校内外有较大的影响力和知名度。

优秀学生社团的评选比例由校团委按当年的实际情况确定。

第四章　评选办法

第十四条 二级学院三好学生、优秀学生干部、优秀团员由本人提出申请，各班根据评比条件提名，经班委会、团支部讨论通过（团委、学生会干部先分别由团委、学生会提名，所在班级复议），经辅导员审查，填写申报表，报各二级学院审核。校级三好学生、优秀学生干部、优秀团员由各二级学院评选后，报学校批准。

第十五条 先进班集体、先进团支部由班级（团支部）根据评审条件提出申报，并提供相应材料，各二级学院总支审核并提出初步意见，报学校研究确定。

第十六条 文明寝室由学生宿舍自我管理中心和学生宿舍管理评比委员会评选产生。

第十七条 优秀学生社团评选由各学生社团根据评选条件提出申报并提供相应材料，由校团委审批。

第十八条 上述全部荣誉均为每年评选一次。

第十九条 二级学院先进个人、先进集体荣誉评选结果由各二级学院组织公示;校级荣誉评选结果由学生工作处(校团委)统一组织公示。在公示期内,学生如对评选结果有异议,可向其所在二级学院或学生工作处(校团委)提出申诉,受理部门应当在接到申诉申请书后的 5 个工作日内,启动申诉的处理程序并产生对申诉的处理决定。

第五章　附　则

第二十条 先进团支部、优秀社团、优秀团员等荣誉于每年四月底前评选完毕;其他各类荣誉的评选工作一般在每年的九月份进行,特殊情况依实际情况而定。

第二十一条 凡受到学校纪律处分者,撤销当年荣誉。

第二十二条 凡有关规定与本办法相抵触者,以本办法为准。

第二十三条 本办法由学生工作处负责解释。

第二十四条 本办法自公布之日起施行。

湖南网络工程职业学院
学生违纪处分办法

第一章 总 则

第一条 为规范学生行为,维护学校正常的教育教学秩序和生活秩序,保障学生的合法权益,促进学生全面健康成长成才,依据《中华人民共和国教育法》《中华人民共和国高等教育法》《普通高等学校学生管理规定》等法律法规,结合学校实际,制定本办法。

第二条 本办法适用于学校全日制在籍学生。

第三条 学生有违法、违规、违纪(以下统称违纪)行为的,按照本办法给予相应的纪律处分。

第四条 给予学生纪律处分,坚持公开、公正、实事求是的原则,坚持教育与惩戒相结合,坚持与违纪行为的性质和过错的严重程度相适应。对学生的纪律处分,要做到事实清楚、证据充分、依据明确、定性准确、程序正当、处分适当。

第二章 处分的种类和适用

第五条 纪律处分分为下列五种:

(一)警告。

(二)严重警告。

(三)记过。

(四)留校察看。

(五)开除学籍。

学生违反校纪校规,情节轻微,不足以给予纪律处分的,由学生所在二级学院给予批评教育,督促其改正错误。

第六条 有下列情形之一者,从重或加重处分:

(一)故意隐瞒、歪曲、捏造事实,妨碍有关部门、单位调查,或者拒不承认错误的。

(二)屡犯不改或第二次违纪受处分者。

(三)违纪群体中的组织者、策划者。

（四）纠结他人使事态扩大者。

（五）勾结校外人员，违反法律法规、校规校纪的。

（六）对有关人员打击报复、威胁、恐吓的。

（七）作伪证，给事件调查增加困难者。

（八）同时有两种（含两种）以上违纪行为的。

（九）酒后滋事的。

（十）其他应予以从重或加重处分者。

第七条　有下列情形之一者，可以从轻或减轻处分：

（一）在违纪过程中有转变，主动有效地制止事态发展者。

（二）违纪后，能主动承认错误，检查认识深刻，有悔改表现者。

（三）有证据证明确系他人胁迫或诱骗，并能够积极配合调查、提供线索、认错态度好的。

（四）有主动揭发他人违法、违纪行为等立功表现及其他可以从轻、减轻或者免予处分者。

第八条　凡受校纪处分者，并作以下附加处理：

（一）享受贷款的学生，视情节取消贷款或降低贷款等级；经一个学期以上考察，对错误有较深刻认识并有悔改表现，可恢复其贷款。

（二）取消一学年内的各种评优资格（受留校察看处分的，取消两年内的参评资格）。

（三）是学生干部的，撤销其学生干部职务。

（四）是发展党员或入党积极分子的，撤销其发展资格。

第九条　警告、严重警告、记过处分期限均为 12 个月，自宣布处分之日算起。受处分的学生，如有显著悔改表现和进步，可提前撤销处分；如在处分期间继续违纪，可加重处分。

第十条　留校察看的期限一般为 12 个月，自宣布处分之日算起。学生在留校察看期间，如有显著悔改表现和进步，可提前解除对其留校察看；如在留校察看期间继续违纪，可开除学籍。毕业班学生受留校察看处分，不予毕业，作结业处理。离校一年后，学校视其表现，决定是否同意其换发毕业证书。

第十一条　受开除学籍处分者，在处分决定下达后 10 个工作日内办理离校手续，户口迁回原籍，档案寄回生源地的教育主管部门。逾期不办的，由学生所在二级学院按规定程序办理。其善后问题，按学校学籍管理的有关规定办理。

第三章　违纪行为的认定及处分

第十二条　有下列行为之一者，视情节分别给予如下处分：

（一）违反宪法，反对四项基本原则，有明显反对中国共产党的领导、反对社会主义的言论和行为者,以及组织和煽动闹事、扰乱社会和学校秩序、破坏安定团结且坚持不改者,给予留校察看直至开除学籍处分。

(二)凡冲击党政机关,扰乱工作秩序、教学秩序、生活秩序及阻碍国家工作人员或学校管理人员依法执行公务者,视情节给予严重警告至留校察看处分,其组织煽动者给予开除学籍处分。

(三)出版、散发非法性刊物,张贴、投递、散发内容反动或带有煽动性的大小字报、网络消息或散发传单、制造谣言者,视情节给予记过及以上处分。

(四)组织、参与邪教组织、传销组织、帮会组织或非法宗教迷信活动者,经规劝教育后仍不悔改的,视情节给予留校察看及以上处分,策划、组织者给予开除学籍处分。

(五)组织、参与网络贷款或传播网络借贷信息者,经规劝教育后仍不悔改的,视情节给予留校察看及以上处分,策划、组织者给予开除学籍处分。

(六)违反学校规定,影响学校教育秩序、生活秩序以及公共场所管理秩序,不服从教师、辅导员、管理人员的教育管理,侵害其他个人、组织合法权益者,视其情节和造成的后果,给予警告直至开除学籍处分。

第十三条 触犯国家刑法,被处以管制、拘役、徒刑等主刑刑罚者,给予开除学籍处分。违反行政、民事等法规者,视情节轻重,分别给予记过及以上处分。

第十四条 有违反治安管理行为者,视情节分别给予如下处分:

(一)涂写、书画淫秽文字、图像,制作、复制、传播或出售淫秽物品的,给予记过处分;情节严重的,给予留校察看及以上处分。

(二)对以偷窃、诈骗、抢夺、抢劫等非法手段获取国家、集体和他人财物者,给予如下处分:作案价值在 500 元以内者,给予严重警告及以上处分;作案价值在 500 ~ 1000 元,给予记过及以上处分;作案价值在 1000 元以上,给予留校察看及以上处分;作案价值在 3000 元以上及有抢夺、抢劫行为,给予开除学籍处分,同时移送公安机关处理;盗窃公章、保密文件、试卷、档案等物品的,给予留校察看或者开除学籍处分;为作案者提供帮助的,比照作案者处理。

(三)过失损坏公私财物的,视其情节、后果,给予警告以上处分;故意损坏公、私财物者,除照价赔偿外,给予记过及以上处分。

第十五条 有下列扰乱校园秩序行为之一的,视其性质、情节、后果等,给予记过以上处分:

(一)扰乱教学楼、图书馆、报告厅、办公楼等公共场所秩序,致使工作、教学、科研等活动不能正常进行的。

(二)捏造或者歪曲事实、故意散布谣言或者以其他方法扰乱校园秩序的。

(三)拒绝、阻碍国家工作人员或学校管理人员依法或依校规校纪执行公务的。

(四)非法制造、贩卖、携带、持有枪支、匕首、三棱刀、弹簧刀或者其他管制刀具的。

（五）在学生宿舍打麻将及使用扑克或其他方式赌博的。

（六）违反网络管理的有关规定，并利用网络散发不负责任言论或利用计算机高科技犯罪的。

第十六条　对打架斗殴、寻衅闹事者，视情节轻重，分别给予如下处分：

（一）动手打人者，视情节轻重给予严重警告及以上处分。

（二）策划、纠集他人打架、为他人作伪证者，视情节轻重，给予记过直至开除学籍处分。

（三）持械打架、为他人打架提供凶器以及事后报复打架者，给予留校察看及以上处分。

（四）因打架斗殴致人受伤者，除给予纪律处分外，还应承担受害人医疗费、护理费、营养费等相关费用。

第十七条　违反学习纪律，一学期内无故旷课达 15 课时以上，视情节轻重，分别给予如下处分：

（一）旷课 15 课时以上，不满 20 课时者，给予警告处分。

（二）旷课 20 课时以上，不满 30 课时者，给予严重警告处分。

（三）旷课 30 课时以上，不满 40 课时者，给予记过处分。

（四）旷课 40 课时以上，不满 60 课时者，给予留校察看处分。

（五）旷课 60 课时以上者，或连续两周未参加学校规定的教学活动者，开除学籍。

未经请假擅自离校的，累计计算旷课学时，一天按 6 个学时计算，自离校当日起计算旷课时间。请假逾期未归者，自逾期之日起计算旷课时间。计算擅自离校天数包括实习、社会实践、劳动、军训等时间。

第十八条　违反考试纪律，视情节轻重，分别给予如下处分：

（一）违反考场纪律者，视情节给予警告以上的处分。

（二）抄袭或者协助他人抄袭，在考试中交换试卷、答案、草稿纸，夹带及使用储存、记载有考试内容相关资料的电子设备或物品等考试作弊者，给予记过处分。

（三）抢夺、窃取他人试卷、答案或者强迫他人为自己抄袭提供方便者，给予留校察看处分。

（四）由他人代替考试或替他人参加考试；组织作弊，使用通信设备传递考试内容及其他作弊行为严重者；因考试作弊受过处分而又再次作弊者，给予留校察看直至开除学籍处分。

有其他作弊情节的，可参照上述办法给予相应处分。

第十九条　学生违反住宿管理规定的，按照《湖南网络工程职业学院学生公寓管理办法》有关条款给予相应纪律处分。

第二十条　违反大学生校园文明行为者，视情节轻重，分别给予如下处分：

（一）破坏环境卫生，乱扔废弃污物，在建筑物、公共设备上乱涂、乱画，违章张贴,破坏草坪、花卉、树木者,视其情节给予通报批评或警告及以上处分。

（二）使用威胁、恐吓或其他手段强制与对方恋爱者,视情节轻重给予严重警告或记过处分。

（三）在校期间酗酒者,给予严重警告处分;屡教不改者,视情节给予记过及以上处分;对因酗酒而引发的打架斗殴和其他行为,给予留校察看及以上处分。

（四）剽窃、抄袭他人论文或研究成果者,视其情节给予警告及以上处分。

第四章　处理程序与执行

第二十一条　学生违纪事件发生后,原则上由学生所在二级学院负责调查、取证,并提出处理意见。

调查工作应当在 7 日内完成,情况特殊需要延长的,经学校学生工作领导小组批准可延长 7 日。

调查结束后,学生所在二级学院应当将调查的详细情况及处理建议报学生工作处。

第二十二条　学生违纪处理程序如下:

（一）给予学生记过及以下处分,由二级学院研究决定,送学生工作处审核、备案。

（二）给予学生留校察看处分,由二级学院提出处分意见,提交学生工作处审核,报主管校领导决定。

（三）给予学生开除学籍处分,由二级学院提出处分意见,提交学生工作处审核,校长办公会议研究决定,并报省教育厅备案。

处分学生必须以经过调查核实的违纪事实为根据,调查违纪事实应当形成报告。报告中需包含事件发展经过、事件调查经过、与学生及其家长谈话记录等信息。

第二十三条　对学生作出处分,应当出具处分决定书,处分决定书应当包括下列内容:

（一）学生的基本信息。

（二）作出处分的事实和证据。

（三）处分的种类、依据、期限。

（四）申诉的途径和期限。

（五）其他必要内容。

第二十四条　处分决定作出后,学校采取适当方式在校内予以公布。记过及以下处分决定,由二级学院发文,在学院范围内公布。留校察看及以上处分,由学校发文,向全校公布。

第二十五条　处分决定由学生所在二级学院送达受处分学生本人,并履行签字手续。学生拒绝签收的,可通过留置方式送达;学生已离校的,可以采取邮寄方式送达;难以联系的,可以利用学校网站、新闻媒体等以公告方式送达。

学校学生工作处认为有必要的,学生所在二级学院应当在处分决定作出后 3 日内以书面形式通知违纪学生家长或法定监护人,并要求学生家长协助学校做好学生的教育工作。

第二十六条 违纪学生如对处分决定有异议,可在接到处分决定之日起 10 个工作日内向学校"学生申诉处理委员会"提出书面申诉,学校在接到书面申诉起 15 个工作日内进行复查,并将复查结果告知违纪学生,违纪学生如对复查决定仍有异议,可在接到复查决定起 15 个工作日内向省教育厅提出书面申诉。

第二十七条 解除处分。

(一)记过及以下处分:处分到期后,由学生本人提出书面申请,辅导员审查,所在学院根据其在处分期的综合表现决定。

(二)留校察看处分:处分到期后,由学生本人提出书面申请,所在学院根据其在处分期的综合表现提出意见,学生工作处给出审核意见,提交校长办公会进行研究。

第二十八条 学生处分材料应真实完整地存入学生个人档案和文书档案。

第五章 附 则

第二十九条 对本办法没有列举的其他违纪行为,可参照本办法相关条款给予相应的纪律处分。

第三十条 学生在校外开展教学、实习、考察、社会实践等活动期间的违纪行为,参照本办法给予相应的纪律处分。

第三十一条 本办法自公布之日起施行,由学生工作处负责解释。

湖南网络工程职业学院
违纪处分解除办法

第一条　为落实立德树人根本任务,在严肃校规校纪的同时,鼓励受处分学生积极上进、健康成长与发展,根据《中华人民共和国高等教育法》《普通高等学校学生管理规定》《湖南网络工程职业学院学生违纪处分办法》等规定,结合学校实际,制定本办法。

第二条　受警告、严重警告、记过、留校察看处分的学生自处分期满之日起至毕业时止,可以向学校提出解除处分的申请。学生在毕业学年受警告、严重警告、记过、留校察看处分的,自处分期满之日起一年内可以向学校提出解除处分的申请。

第三条　受警告、严重警告处分的学生申请解除处分,需在处分生效后具备以下条件:

（一）遵纪守法,未再受处分。

（二）真诚悔改,能主动接受教育和指导,并提交书面思想汇报。

（三）刻苦学习,在处分生效后至提出解除处分申请之日所修课程考试成绩合格。

（四）热心公益,乐于奉献,积极参加志愿服务和校院组织的活动。

第四条　受记过处分的学生如申请提前解除处分,需具备第三条规定的条件,同时在处分生效后参加所在二级学院或学校组织的志愿者活动累计3次以上。

第五条　受留校察看处分的学生如申请提前解除处分,需具备第三条规定的条件,同时在处分生效后参加所在二级学院或学校组织的志愿者活动累计4次以上,并具备下列条件之一:

（一）获得校级以上荣誉称号。

（二）在校级以上学科竞赛或者文艺、体育等比赛中取得优异成绩。

（三）在校级以上创新创业项目中表现突出。

（四）有其他经学校学生工作处认可的突出表现。

第六条　有下列情形之一的,不予解除处分:

（一）触犯国家法律法规,受到行政拘留或者刑事处罚的。

（二）累计受到两次及以上处分的。

（三）超过处分解除申请期限的。

（四）受到开除学籍处分的。

（五）存在提供虚假材料等弄虚作假情形的。

第七条 解除处分程序。

(一)个人申请:符合申请条件的学生在处分期满后向所在二级学院提交本人书面申请。

(二)民主评议:学生所在二级学院的学生工作办公室组织师生代表进行民主评议,形成评议意见,并将意见告知申请人。

(三)形成决定:解除警告、严重警告、记过处分由学生所在二级学院院务会讨论,形成书面决定后报学生工作处备案;解除留校察看处分由学生所在二级学院院务会讨论,形成书面建议后报学生工作处,学生工作处给出审核意见后提交校长办公会进行研究,作出解除或者不予解除处分的决定。

第八条 学生解除处分后,其获得的表彰、奖励及其他权益,不再受原处分的影响。

第九条 学生对学校决定有异议的,有权提出申诉。学生提出申诉的,依照《湖南网络工程职业学院学生申诉管理办法》执行。

第十条 处分材料与解除处分材料应当真实完整地归入学校文书档案和本人档案。

第十一条 本办法自公布之日起施行,由学生工作处负责解释。

湖南网络工程职业学院
学生申诉管理办法

第一章 总 则

第一条 为规范学生申诉行为,保证学校处理行为的客观、公正,保障学生的合法权益,根据教育部《普通高等学校学生管理规定》和有关法律法规,制定本办法。

第二条 本办法所称的申诉,是指学生对学校作出的涉及学生本人在入学资格、退学处理或者违规、违纪处分方面的处理决定不服,向学校提出意见和要求。

第三条 本办法适用于我校在籍学生。

第四条 学生应坚持严肃、认真、诚实的原则提出申诉;学校应坚持公开、公正、实事求是和有错必纠的原则处理学生的申诉。

第二章 学生申诉处理委员会

第五条 学校成立学生申诉处理委员会(以下简称申诉委员会),受理学生的申诉。申诉处理委员会办公室设学生工作处。

第六条 申诉委员会由 5 或 7 人组成。委员应当由与申诉事项有关的分管校领导、相关职能部门负责人以及教师和学生代表组成。学生违纪和学籍处理的具体经办人不应参加申诉委员会。

第三章 申诉的受理

第七条 学生对学校作出的涉及本人权益的下列处理决定不服,在接到决定之日起 10 个工作日内可以向申诉委员会提出申诉。

(一)对学生本人作出的取消入学资格、退学处理的处理决定。

(二)对学生本人作出的警告、严重警告、记过、留校察看、开除学籍等纪律处分决定。

第八条 学生提出申诉时,应当向申诉委员会提交书面申请,并附上学校作出的处理决定(复印件)。申请书应当载明下列内容:

(一)申诉人的姓名、班级、学号及其他基本情况。

（二）申诉的事项、理由及要求。

（三）提出申诉的日期。

第九条 有下列情形之一的,申诉委员会不予受理:

（一）超过申诉期限的。

（二）已经提出申诉并由申诉委员会作出过复查结论的。

（三）其他部门已经受理的。

第四章 申诉的处理

第十条 申诉委员会负责处理学生的申诉,有权对申诉所涉及的事项进行查询和调查,并提出具体处理意见。

第十一条 申诉委员会根据实际情况可采取书面审查或召开听证会等复查方式处理申诉。采取书面审查方式的,申诉委员会也应对相关当事人进行询问,开展必要的查证。申诉委员会决定采取听证会方式进行调查的,应按照第五章的有关规定和程序进行。

第十二条 申诉委员会应当在接到申诉申请书后的 15 个工作日内,区别不同情况,提出处理意见,作出下列复查结论。因故确需延长作出复查结论时间的,应提前告知申诉人。

（一）不改变原处理决定的,直接告知申诉人并抄送相关部门;

（二）认为需要改变原处理决定的,应将处理意见提交学校相关职能部门或校长办公会重新研究决定。

第十三条 申诉委员会应将复查结论及时送达申诉人。送达方式可采取下列任意一种:本人签收;按申请书通信地址邮寄并在校内公告;也可以参照《民事诉讼法》规定的其他送达方式。

第十四条 在申诉期间,原处理决定不停止执行。

第十五条 在未作出复查结论前,学生可以撤回申诉。要求撤回申诉的,必须以书面形式提出。申诉委员会在接到关于撤回申诉的申请书后,可以停止复查工作。

第五章 听 证

第十六条 根据申诉人的请求,申诉委员会认为有必要举行听证的,可启动听证程序。对没有听证请求的,在请求听证前应征得申诉人的同意。听证主持人和听证记录员由申诉委员会主席指定的委员担当。

第十七条 听证主持人就听证活动行使下列职权:

（一）决定举行听证的时间、地点和参加人员。

（二）决定听证的延期、中止或者终结。

（三）询问听证参加人。

（四）接收并审核有关证据。

（五）维护听证秩序，对违反听证秩序的人员进行警告，对情节严重者可以责令其退场。

（六）向申诉委员会提出对申诉的处理意见。

第十八条 主持人在听证活动中应当公正地履行主持听证的职责，保证当事人行使陈述权、申辩权。

第十九条 参加听证的当事人和其他人员应按时参加听证，遵守听证秩序，如实回答听证主持人的询问，依法举证。

第二十条 听证开始前，听证记录员应当查明听证参加人是否到场，并宣读听证纪律。听证纪律由申诉委员会拟订。

第二十一条 听证应当按照下列程序进行：

（一）听证主持人宣布听证开始，宣布听证事由。

（二）作出处分或处理的经办人就有关事实和依据进行陈述。

（三）申诉当事人就事实、理由、证据或依据进行申辩，并可以出示相关证据材料。

（四）经听证主持人允许，听证参加人可以就有关证据进行质证，也可以向到场的证人发问。

（五）有关当事人做最后陈述。

（六）听证主持人宣布听证结束。

第二十二条 听证记录员应当对听证的全部活动进行笔录，并由听证主持人和听证记录员签名。

听证笔录应当由当事人签名。

第二十三条 听证结束后，听证主持人应主持拟定听证报告。

第六章　附　则

第二十四条 本办法由校长办公会负责解释。
第二十五条 本办法自 2014 年 9 月 1 日起施行。

湖南网络工程职业学院
学生安全预防守则

一、常用应急求助电话

校园报警电话:82821110。

匪警电话:110。

火警电话:119。

急救电话:120。

交通事故报警电话:122。

二、消防安全

(一)严格遵守宿舍管理规定,不私接、乱接电源,不违规使用大功率电器,不使用"热得快"等电热设备,充电设备充满即取。

(二)不在宿舍使用酒精炉、煤油炉、液化气灶等火源产品,不在宿舍内焚烧东西,不乱扔烟蒂或违规使用明火。

(三)火灾发生后立即关闭电源,以电话或呼叫求救。在火势可控前采取有效措施灭火,电源起火尽可能使用湿棉被、灭火器等扑火。

(四)碰到火灾应以浸湿的衣服或毛巾为保护,从安全出口逃生,低层建筑可借助绳索、床单等从窗口逃生,切忌从电梯逃生。

(五)擅自破坏、挪用、移动消防设施是违法行为。

(六)灭火器使用方法:首先上下晃动灭火器罐,然后拔掉保险销,握住皮管对准火源,从上风或侧风位置灭火。

三、交通安全

(一)不得在校内驾驶摩托车、电动车,校内机动车限速20千米/小时。

(二)自行车不得载人行驶,不得在校内高速行驶,不得骑自行车翻越阶梯、栏杆、陡坡等。

(三)在校外步行或驾车应严格按交通规则和红绿灯的指示行走,不在非人行通道跨越马路和街道,通过人行道时要"两面看"。

(四)外出时搭乘正规的公交车和出租车,切勿搭乘非正规运营车辆。

(五)遭遇交通事故须冷静。一是要及时报案(拨打120、122),通知抢救伤员和通知交警到场,切勿私下解决;二是要保护现场,为现场勘查提供证据;三是要控制肇事者,如肇事者逃逸要记住车牌号和车辆其他特征。

四、防盗防抢防诈骗

(一)外出或睡觉时要关门闭窗,钥匙不随意丢放。

(二)不让寝室外人员随意进入寝室或留宿,禁止推销人员进入宿舍教室,离开寝室切记关门,发现可疑人员要及时报告宿舍管理员。

(三)妥善保管现金和贵重物品(如手提电脑等),银行卡和身份证要分开存放,不要将密码告知其他人。

(四)在人员拥挤的场合(公交车、商场等)要将钱包、手机等贵重物品握在手中或置于视线范围之内,警惕扒手行窃。

(五)外出时尽量结伴而行,不要在偏僻处行走逗留。

(六)遭遇抢劫不可慌乱,保护生命为第一要务。充分利用各种条件逃生或呼救,留意并记住抢劫者外貌特征或车牌号码,立即报警。

(七)坚信天上不会掉馅饼,勿在小恩小惠面前丧失警惕,面对任何轻松即可获得的利益务必三思而后行,并多与家长、老师、同学商量,谨防陷入欺诈圈套。

(八)不向陌生人透露身份证、家庭住址、电话号码、亲属姓名、银行账号等信息;不轻信陌生人,面对陌生人拉关系、套近乎的行为,须慎思而行。

(九)不要轻易相信陌生网络、电话、短信提供的有关中奖、退费、贷款、邮件违禁、银行卡被消费、亲人出事急救等信息,这些是骗子常用的诈骗手段。

(十)遇到熟人电话、QQ等发来借钱的请求时要详细询问求证,并向其他相关亲友取得印证,防止犯罪分子盗用熟人电话、QQ等诈骗。

(十一)小心网络购物和上门推销陷阱,不要向非正规的网店和上门推销的人员购买商品。

五、学会控制情感、情绪

(一)始终保持乐观、向上的精神状况,不要让不良情绪统治自己。

(二)维持与亲人、老师、同学、朋友顺畅沟通和交流,常给家里打电话,心中有苦闷可以找值得信赖的人倾诉。

(三)学会宽容与原谅,不拿别人的过失惩罚自己;学会克制与冷静,不在气愤之下做任何决定;学会解脱与排遣,换个角度看待烦心的事情;学会倾听与沟通,遇到困惑不妨听听他人的意见。

(四)理性处理感情问题。要始终牢记:爱情只有基于双方的自由选择才能产生,纠缠和单恋不是爱情;失恋是一个人感情生活里的一支插曲,时间会成为治愈失恋痛苦的良药。遭遇失恋要学会将注意力转移到学习、培训、旅游、社交等其他事情上。

(五)与异性交往不可态度暧昧,不可纠缠于多人之间;遇到异性纠缠不休,要鲜明地表明自己的态度,并寻求老师、同学的帮助。

（六）心理郁结难以摆脱时，要鼓起勇气向心理咨询老师求助，切不可采取逃避态度或过激行为。

六、如何进行自我保护

（一）不擅自下水游泳，不攀爬建筑物，不在没有围栏的建筑物顶部逗留嬉戏，不进入施工中的建筑工地，不在无安全保卫措施的情况下进行标枪、铅球、轮滑、散打、拳击等运动。

（二）不买食霉烂、变质、不洁、过期、减价的食品。

（三）不酗酒，不聚众饮酒，不在宴席和用餐时劝酒，在任何情况下不醉酒。

（四）不参与黄、赌、毒等非法活动，不加入任何非法组织和黑社会团伙，不与社会闲杂人员交往，不从事带有传销性质的任何活动，不轻易会见网友。

（五）不私自在校内外租房居住，不与陌生人结伴旅游。

（六）女生要树立防性侵的意识，不穿过于暴露的服装，不与陌生异性搭讪交往，不进入酒吧、舞厅、歌厅等场所，不轻易接受异性邀请，不向异性传递暧昧信息，不孤身进入幽僻之地，睡觉时一定要关门闭户。

（七）遭遇地震时，应迅速转移到平坦开阔的安全地带；无法撤离时可暂躲在床、桌柜等坚固的家具下，或躲在楼房卫生间等小开间室内，用牢固物品护头并捂住口鼻，以防砸伤或被泥沙、烟尘呛住。

（八）雷雨天最好到室内避雨，不要在大树、高塔、电线杆下避雨，不要拨打手机，身体不能接触金属物，谨防雷击。

湖南网络工程职业学院
学生体质健康监测评价办法

　　第一条　为提高学生体质健康监测评价的制度化、规范化和科学化水平，根据《关于全面加强和改进新时代学校体育工作的意见》和国家有关规定，制定本办法。

　　第二条　本办法适用于我校全体学生的体质健康测试和体质健康监测评价工作。

　　第三条　学生体质健康测试是指由学校组成专业的测试人员，采用规范的技术、方式和方法，组织全校学生参加《国家学生体质健康标准》所确定的测试项目及有关内容的实际测评，是促进学生体质健康发展、激励学生参加身体锻炼的教育、评价和反馈手段，重点监测学生的身体形态、身体机能、身体素质和运动能力等方面情况及其变化趋势，同时根据学生成长发育特征、学生体质健康变化趋势、学校体育工作政策，动态调整和公布学生体质健康测试项目和测试内容。

　　第四条　要以强化体育课程和课外锻炼为基础，以《国家学生体质健康标准》为依据，在各二级学院统筹开展面向全体学生的体质健康测试，逐步建立健全包括组织测试、测试上报、动态分析测试结果、测试信息反馈各二级学院、评价结果应用等相关制度和管理措施在内的学生体质健康监测评价体系。

　　第五条　实行全体学生测试制度。学校于每学年第一学期开展覆盖全体学生的体质健康测试工作，并将测试数据（含学生基本情况、单项指标分值、测试成绩、评定等级以及实施测试的时间、地点、方式和人员等信息）进行汇总整理，按照规定的权限、程序和方法，上报至国家学生体质健康标准数据管理系统。因病或残疾学生可向学校申请准予暂缓或免于体质健康测试。

　　第六条　完善上报数据审查制度。学校负责督促，体育教研室组织实施、各二级学院协助全面开展测试工作，测试结束后体育教研室及时上报测试数据，并组织相关专家对本校的学生体质健康标准的测试上报数据的完整性、真实性和有效性进行审查，经核准后确认提交。

　　第七条　建立体质健康研判制度。学校体育教研室要通过监测评价动态把握学生体质健康变化趋势，及时分析测试结果，深度查找影响因素，科学预测变动走向，形成具体的分析报告上报学校，由学校召开专项工作会议，研究和制定体质健康预警机制，完善学生体质健康改善措施，提高学校体育工作的针对性、实效性和科学决策水平。

第八条　实行监测结果公示制度。学校体育教研室在学校体育工作委员会的指导下,按年级、班级、性别等不同类别公布学生体质健康测试总体结果,在公布体质健康信息时不得泄露学生个体的信息,不得侵犯其个人隐私。

第九条　有效应用监测评价结果。学校体育教研室要制作《国家学生体质健康标准登记卡》,规范记录每一名学生的体质健康测试成绩及其评定等级。学生工作处、各二级学院要将体质健康测试情况作为学生评优评先、毕业考核或者升学的重要依据。学校要将学生体质健康状况作为评价各教学系教育质量和教育发展水平的重要指标。

第十条　将学生体质健康监测评价工作纳入学校教育督导内容和评估指标体系,并作为对各二级学院进行评优、表彰的基本依据。对弄虚作假、徇私舞弊者,给予通报批评,情节严重者,依法给予行政处分;对积极开展监测评价工作且成绩显著的单位和个人给予表彰奖励。

第十一条　学校设立国家学生体质健康监测评价工作监督电话和网络信息平台,接收学生咨询和反映测试情况,同时设立和公布监督电话,鼓励相关部门和师生以适当的方式监督学生体质健康监测评价工作,并提出意见和建议。

第十二条　学校支持设立学生体质健康监测、研究或服务机构或组织,建设专业化的测试、服务和研究人员队伍。

第十三条　学校加大专项经费投入,不断改善学生体质健康测试的环境、设备、场地等条件;加强学生体质健康监测评价技术培训;妥善处理雾霾、阴雨、冰雪等恶劣天气或特殊自然条件下的测试工作;合理安排测试前、测试中和测试后的医疗防护和质量保障措施;加强学生运动安全教育,依法处置测试期间学生人身伤害事故,保证学生体质健康监测评价工作的健康、安全和有序开展。

第十四条　本办法自发布之日起施行,由学校体育教研室负责解释。

湖南网络工程职业学院
学生网络使用管理规定

为进一步推进学风建设,提高学生的文明素质,维护广大学生正常的学习、生活秩序,根据国家《计算机国际互联网安全保护管理办法》《网络安全法》《数据安全法》《个人信息保护法》《湖南网络工程职业学院校园网管理办法》等有关法律、法规及学校有关文件要求,结合我校实际,制定本规定。

第一条 凡在校内使用计算机和网络的学生必须遵守本规定。

第二条 学生使用计算机和网络应主要用于学习、科研、管理、服务。

第三条 学生使用计算机和网络必须接受国家安全机关、公安机关、学校相关部门依照有关法律、法规、管理规定以及本规定进行的管理和监督。

第四条 学生在使用网络时应严格遵守网络礼仪和道德规范,不得使用网络从事危害公共安全、损害公众利益、侵害他人正当权益、窃取或泄漏他人秘密以及有伤风化的活动,不得通过网络查询、复制或在网上发布、传播含有上述内容的信息,不得制造、传播网络谣言。

第五条 学生使用计算机和网络,必须遵守学生宿舍的作息制度,严格遵守教学秩序,自觉维护正常的学习、生活秩序,不得影响其他同学正常的学习、生活和休息。

第六条 学生使用计算机和网络,应做到:

(一)充分利用网络资源加强专业知识学习,不得沉湎于网络聊天、游戏等。

(二)不得私接乱拉电源线和网线,不得私安插座,维护用电安全。

(三)不得人为损坏网络设施(包括信息插座、面板、布线槽/管、光纤、交换机、配线柜、网线、模块等)。

(四)不得私设无线路由器(即 WiFi、WLAN)设备,未经允许不得向其他用户提供服务,不得私自架设服务器对外提供各种服务。

(五)不得将个人申请的校园网账号密码、IP 地址等资源转让他人。

第七条 学生使用计算机和网络时,不得制作、传播计算机病毒程序,也不得发布、传播、复制以下信息:

(一)违反四项基本原则、煽动颠覆国家政权、推翻社会主义制度的言论。

(二)煽动分裂国家、破坏祖国统一的言论。

(三)损害国家利益、危害国家安全的言论。

（四）煽动民族仇恨、民族歧视,破坏民族团结的言论。

（五）捏造或歪曲事实、散布谣言、扰乱社会秩序和校园秩序的言论。

（六）宣扬封建迷信、淫秽、色情、暴力、恐怖、赌博以及教唆犯罪等的言论。

（七）公然侮辱他人或捏造事实诽谤他人的言论。

（八）其他违反宪法、法律和行政法规的言论、信息和网络行为。

第八条　学生使用计算机和网络时,不得进行下列危害网络系统运行和安全的操作:

（一）未经允许,非法进入计算机网络系统或使用计算机网络资源。

（二）制造和故意传播计算机病毒或发布、传播依附有计算机病毒的信息。

（三）故意制造或使用攻击系统的办法致使他人网络系统或联网计算机发生阻塞、溢出、瘫痪、资源异常消耗等。

（四）非法进行网络端口扫描,做黑客攻击,扰乱网络正常秩序。

第九条　学生使用计算机和网络时,应严格执行信息安全保密制度,不得违反国家和学校有关法规,并对所提供的信息负责,不得利用网络从事以下活动:

（一）冒用他人名义上网。

（二）窃取和泄露国家、他人秘密,侵犯个人隐私信息和知识产权。

（三）未经允许,传播处理含有他人敏感信息(包括生物识别、身份信息、医疗健康、金融账户、家庭住址、移动号码、行踪轨迹等信息)的文件或图片。

第十条　学生有权利对使用网络时发现的违反有关法律、法规和规章制度的人或事予以制止或向学校反映、举报,有义务协助有关部门或管理人员对上述人或事进行调查、取证、处理。

第十一条　学生使用计算机和网络违反上述规定,一经发现,将视情况给予警告并勒令改正,情节严重者将进行司法处理。

第十二条　本规定由现代教育技术中心负责解释,自发布之日起实行。

学习篇
▶▶▶

湖南网络工程职业学院
学生学籍管理实施细则

第一章　入学与注册

第一条　按国家招生规定录取的新生,持录取通知书,按学校有关要求和规定的期限到校办理入学手续。因故不能按期入学的,应当向学校请假,请假时间原则上不超过 20 天。未请假或者请假逾期的,除因不可抗力等正当事由以外,视为放弃入学资格。

第二条　学校在新生报到时对其入学资格进行初步审查,审查合格的办理入学手续,予以注册学籍;审查发现新生的录取通知、考生信息等证明材料,与本人实际情况不符,或者有其他违反国家招生考试规定情形的,取消入学资格。

第三条　新生因入伍、创业或身心健康状况可以申请保留入学资格。新生保留入学资格期间不具有学籍。

新生应征参加中国人民解放军(含中国人民武装警察部队),学校保留其入学资格至退役后 2 年;新生因创业,学校保留其入学资格 2 年;新生因身心健康状况,学校保留其入学资格 1 年。

新生保留入学资格期满前应向学校申请入学,经学校审查合格后,办理入学手续。审查不合格的,取消入学资格。逾期不办理入学手续且未有因不可抗力延迟等正当理由的,视为放弃入学资格。

第四条　学生入学后,学校在 3 个月内按照国家招生规定对其录取手续及程序、录取资格、身份信息进行复查,复查中发现学生存在弄虚作假、徇私舞弊等情形的,取消学籍;情节严重的,移交有关部门调查处理。

学生的健康状况须符合 2003 年教育部与卫生部、中国残疾人联合会颁发的《普通高等学校招生体检工作指导意见》的规定要求;学生入学后,学校在两周内对其进行健康复查,复查中发现学生身心状况不适宜在校学习,经二级甲等以上医院诊断需要在家休养的,按照第三条的规定保留入学资格;在保留入学资格期内治疗康复,可以向学校申请入学,由学校指定医院诊断,符合体检要求,经学校审批后重新办理入学手续;学生健康状况复查不合格或者逾期不办理入学手续者,取消入学资格。

学生入学后,学校在一个月内对其心理状况进行测试。学生须如实告知老师其身体状况和既往病史,如因刻意隐瞒而造成在校期间疾病发作、耽误治疗、产生意外甚至危及生命安全等情况,责任由学生及家长自负;一旦发现学生隐瞒不宜在校学习的疾病,即作劝退处理,并取消其学籍。

  第五条 每学期开学时,学生按学校规定办理注册手续。不能如期注册的,履行暂缓注册手续。未按学校规定或者有其他不符合注册条件的,不予注册。

  经济困难的学生可以按照国家政策及学校制度申请助学贷款或者其他形式资助,办理有关手续后注册。

  学校按照国家有关规定为家庭经济困难学生提供教育救助,完善学生资助体系,保证学生不因家庭经济困难而放弃学业。

第二章 考核与成绩记载

  第六条 学生应当参加学校教育教学计划规定的课程和各种教育教学环节(以下统称课程)的考核,考核成绩记入成绩册,并归入学籍档案。

  考核分为考试和考查两种。考核和成绩评定方式,以及考核不合格的课程是否重修或者补考,以课程教学大纲及学校相关规定为依据。

  第七条 学生思想品德的考核、鉴定,以专业人才培养方案中《劳动教育》课程(三年全过程开设)成绩为依据,采取个人小结、师生民主评议等形式进行。

  学生体育课程采取同时段上课班级学生可自由限选课程内容,其成绩评定突出过程管理,可以根据考勤、课内教学、课外锻炼活动和体质健康等情况综合评定。

  第八条 学生每学期或者每学年应修满专业人才培养方案中所开设课程学分,一学年补考、重修后仍有 6 门及以上课程不及格者,原则上予以退学处理。

  第九条 在校三年期间,学生须修满 6 学分校级公共选修课程;可以申请辅修校内其他专业或者选修其他专业课程,参加学校认可的开放式网络课程学习等。学生修读的课程成绩(学分),学校审核同意后,予以承认。

  第十条 学生参加创新创业、社会实践等活动以及发表论文、获得专利授权等与专业学习、学业要求相关的经历、成果,可以折算为学分,计入学业成绩。具体办法由教务处、学生工作处、二级学院商定,并报学校批准。

  学校鼓励、支持和指导学生参加社会实践、创新创业活动,建立创新创业档案、设置创新创业学分。

  第十一条 学校将健全学生学业成绩和学籍档案管理制度,真实、完整地记载出具学生学业成绩,对通过补考、重修获得的成绩,予以标注。

  学生严重违反考核纪律或者作弊的,该课程考核成绩记为无效,并应视其违纪或者作弊情节,给予相应的纪律处分。给予警告、严重警告、记过及留校察看处分的,经教育表现较好,可以对该课程给予补考或者重修机会。

  学生因退学等情况中止学业,其在校学习期间所修课程及已获得学分,予以记录。学生重新参加入学考试、符合录取条件,再次入学的,其已获得学分,经学校或其他录取学校认定,予以承认。

第十二条 学生应当按时参加教育教学计划规定的活动。不能按时参加的,应当事先请假并获得批准。无故缺席的,根据学校有关规定给予批评教育,情节严重的,给予相应的纪律处分。

第十三条 学校将开展学生诚信教育,以适当方式记录学生学业、学术、品行等方面的诚信信息,建立对失信行为的约束和惩戒机制;对有严重失信行为的,可以规定给予相应的纪律处分;对违背学术诚信的,可以对其获得学位及学术称号、荣誉等作出限制。

第三章 转专业与转学

第十四条 学生在学习期间原则上不能转专业;以单招、五年制、定向等特殊招生形式录取的学生,国家有相关规定或者录取前与学校有明确约定的,不得转专业。

学生因就业等特殊原因,在第一学期各门课程修满学分,品学兼优者,可申请转专业一次。但一个专业转出的学生限额为本专业本年级学生数的4%,如申请转出人数超出限额,在同等条件下以第一学期成绩排名确定。学生转专业须在第二学期开学第一周,由本人书面申请,学院审查,学校审核批准。

学校优先考虑休学创业或退役后复学的学生的转专业申请。

第十五条 学生一般应当在我校完成学业。因患病或者有特殊困难、特别需要,无法继续在我校学习或者不适应我校学习要求的,可以申请转学。有下列情形之一,不得转学:入学未满一学期或者毕业前一年的;高考成绩低于拟转入学校相关专业同一生源地相应年份录取成绩的;由低学历层次转为高学历层次的;以定向就业招生录取的;无正当转学理由的。

学生因我校培养条件改变等非本人原因需要转学的,我校出具证明,由省教育厅协调转学到同层次学校。

第十六条 学生转学由学生本人提出申请,说明理由,经学校和拟转入学校同意,由转入学校负责审核转学条件及相关证明。跨省转学的,由省教育厅商转入地省级教育行政部门,按转学条件确认后办理转学手续。须转户口的由转入地省级教育行政部门将有关文件抄送转入学校所在地的公安机关。

学校按照国家有关规定,对转学情况及时进行公示。

第十七条 其他学校的学生转入我校学习者,原校所学的课程考试合格者可申请我校相同课程免修,原校未修课程须重修。

第十八条 学生转学或转专业后,须修满转入专业人才培养计划所规定的全部学分,方可毕业。

第四章　休学与复学

第十九条　学生可以分阶段完成学业。因某些特殊原因,学生申请休学或者学校认为应当休学的,经学校批准,可以延长学习年限。除另有规定外,学生在学校规定的最长学习年限(含休学和保留学籍)即 3 年制不超过 5 年、5 年制不超过 7 年内应完成学业。

第二十条　学生因病经学校指定医院诊断,须停课治疗、休养占一学期总学时三分之一以上(6 周左右)者,应予休学;因病休学一般以一年为期,可连续休学 2 年,但累计不得超过 3 年。

第二十一条　学校根据情况建立并实行灵活的学习制度。对休学创业的学生,简化休学批准程序,其最长学习年限可再延长 2 年。

第二十二条　学生应征参加中国人民解放军(含中国人民武装警察部队),学校将保留其学籍至退役后 2 年。

学生参加学校组织的跨校联合培养项目,在联合培养学校学习期间,学校同时为其保留学籍。

学生保留学籍期间,与其实际所在的部队、学校等组织建立管理关系。

第二十三条　休学学生应当办理手续离校。学生休学期间,学校为其保留学籍,但不享受在校生待遇。

第二十四条　学生休学期满前可在学校规定的期限内提出复学申请(因病休学者须提供二级甲等以上医院出示已恢复健康的证明),经学校复查合格,方可复学。

第二十五条　学生在休学、保留学籍期间有严重违法违纪行为者,取消其复学资格。

第二十六条　学生复学原则上应降级,即转入相同专业的相应年级就读;如遇没有连续招生的专业可转到相近专业就读。

第五章　退　学

第二十七条　学生本人申请退学或有下列情形之一,学校予以退学处理:在学校规定的学习年限内未完成学业的;一学年内,经补考后仍有 6 门及以上课程成绩不及格的;休学、保留学籍期满,在学校规定期限内未提出复学申请或者申请复学经复查不合格的;根据学校指定医院诊断,患有疾病或者意外伤残不能继续在校学习的;未经批准连续 2 周没参加学校规定的教学活动的;超过学校规定期限未注册而又未履行暂缓注册手续的;学校规定的不能完成学业、予以退学的其他情形。

第二十八条　学生退学,由校长办公会研究决定,并送交退学决定书于本人,同时报省教育厅备案。因特殊情况无法送交本人的,在校内发布公告,公告五日后即视为送交。学生对退学处理有异议的,可参照教育部发布的《普通高等学校学生管理规定》相关条例提出申诉。

第二十九条 对退学学生,学校应当发给肄业证书或者写实性学习证明。退学学生的档案由学校退回其家庭所在地,户口应当按照国家相关规定迁回原户籍地或者家庭户籍所在地。

第六章 毕业与结业

第三十条 学生在学校规定年限内,修完专业人才培养方案规定的学分,成绩合格,达到学校毕业要求的,学校准予毕业,并在学生离校前发给毕业证书。

学生提前完成教育教学计划规定内容,获得毕业所要求的学分,可以申请提前毕业。

第三十一条 学生在学校规定年限内,修完专业人才培养方案规定内容,未达到毕业要求,准予结业,学信网注册结业状态。

第三十二条 学生有下列情形之一,可补办毕业手续:

在经批准同意的延长学习时间的年限内修满学业者;学生已注册结业状态,通过重修、自学等方式继续完成学业,成绩合格后经本人申请、学校审批通过者;凡毕业设计、顶岗实习不及格者,在规定的学制年限内回校重做毕业设计、顶岗实习(毕业实践报告),成绩合格者。

审核合格后补发的毕业证书、毕业时间按发证日期填写。

在学校规定的最长学习年限内重修后仍不及格、或逾期者,不再补办毕业手续。

第七章 学业证书管理

第三十三条 学校将严格按照招生时确定的办学类型和学习形式,以及学生招生录取时填报的个人信息,填写、颁发学历证书、学位证书及其他学业证书。

学生在校期间变更姓名、出生日期等证书需填写的个人信息的,当有合理、充分的理由,并提供有法定效力的相应证明文件。学校进行审查,必要时可申请学生生源地省级教育行政部门及有关部门协助核查。

第三十四条 学校将执行高等教育学籍学历电子注册管理制度,完善学籍学历信息管理办法,按相关规定及时完成学生学籍学历电子注册。

学校每年将已颁发毕业证书和结业状态的学生信息上传中国高等教育学生信息网(学信网),学生可上网查询。

第三十五条 对完成本专业学业同时辅修其他专业并达到该专业辅修要求的学生,由学校发给辅修专业证书。

第三十六条 对违反国家招生规定取得入学资格或者学籍的,学校应当取消其学籍,不得发给学历证书、学位证书。已发的学历证书、学位证书,学校应当依法予以撤销。对以作弊、剽窃、抄袭等学术不端行为或者其他不正当手段获得学历证书、学位证书的,学校应当依法予以撤销。

被撤销的学历证书、学位证书已注册的,学校应当予以注销并报教育行政部门宣布无效。

第三十七条 学历证书和学位证书遗失或者损坏,经本人申请,学校核实后应当出具相应的证明书。证明书与原证书具有同等效力。

第八章 附 则

第三十八条 本实施细则适用于我校所有全日制学生;由教务处、学生工作处负责解释。

第三十九条 本实施细则自 2018 年开始实行。

湖南网络工程职业学院学生学籍异动审批规定与流程

第一条 按国家招生规定录取的新生,按学校有关要求和规定的期限到校正常办理入学手续且入学资格审查及复审合格后,即可视为我校在校在籍学生。学籍异动包含保留入学资格、保留学籍、休学、复学、退学及转专业、转学等情形。

第二条 每学期开学时,学生按学校规定办理报到注册手续。不能如期注册的,履行暂缓注册手续。未按学校规定或者有其他不符合注册条件的,不予注册。

第三条 新生因入伍、创业或身心健康状况可以申请保留入学资格。新生保留入学资格期间不具有学籍,不享受在校学生的权利。

新生应征参加中国人民解放军(含中国人民武装警察部队),学校保留其入学资格至退役后2年;新生因创业,学校保留其入学资格2年;新生因身心健康状况,学校保留其入学资格1年。

第四条 学生因某些特殊原因,申请休学或者学校认为应当休学的,经学校批准,可以延长学习年限。除另有规定外,学生在学校规定的最长学习年限(含休学和保留学籍)即三年制不超过5年、五年制不超过7年内应完成学业。

第五条 学生因病经学校指定医院诊断,须停课治疗、休养占一学期总学时三分之一以上(6周左右)者,应予休学;因病休学一般以1年为期,可连续休学2年,但累计不得超过3年。

第六条 休学学生应当办理手续离校。学生休学期间,学校为其保留学籍,但不享受在校生待遇。

第七条 学生休学期满前可在学校规定的期限内提出复学申请(因病休学者须提供二级甲等以上医院出示已恢复健康的证明),经学校复查合格,方可复学。

第八条 学生在休学、保留学籍期间有严重违法、违纪行为者,取消其复学资格。

第九条 学生复学原则上应降级,即转入相同专业的相应年级就读;如遇没有连续招生的专业可转到相近专业就读。

第十条 学生本人申请退学或有下列情形之一,学校予以退学处理:在学校规定的学习年限内未完成学业的;一学年内,经补考后仍有6门及以上课程成绩不及格的;休学、保留学籍期满,在学校规定期限内未提出复学申请或者申请复学经复查不合格的;根据学校指定医院诊断,患有疾病或者意外伤残不能继续在校学习的;未经批准连续2周没参加学校规定的教学活动的;超过学校规定期限未注册而又未履行暂缓注册手续的;学校规定的不能完成学业予以退学的其他情形。

第十一条 学生退学,由校长办公会研究决定,并送交退学决定书于本人,因特殊情况无法送交本人的,在校内发布公告,公告 5 日后即视为送交。学生对退学处理有异议的,可参照《普通高等学校学生管理规定》相关条例提出申诉。

第十二条 保留入学资格、保留学籍、休学、复学、退学,需由学生本人填报《湖南网络工程职业学院学生学籍异动审批表》(见附件 1),依照学校相关规定办理手续。

第十三条 学生在第一学期各门课程修满学分后可申请转专业一次,经学校公示后在第二学期开课前转入新专业;学生转专业须由本人书面申请,经学校审核批准。

以单独招生、五年制大专、定向就业等特殊招生形式录取的学生,不得转专业。

学校根据社会对人才需求情况的发展变化,需要适当调整专业的,允许在读学生转到其他相关专业就读。

学校优先考虑休学创业或退役后复学的学生的转专业申请。

第十四条 转专业需由学生本人填报《湖南网络工程职业学院学生转专业(转班级)审批表》(见附件 2),依照学校相关规定办理手续。

第十五条 学生因患病或者有特殊困难、特别需要,无法继续在我校学习或者不适应我校学习要求的,可以申请转学。

有下列情形之一,不得转学:入学未满一学期或者毕业前一年的;高考成绩低于拟转入学校相关专业同一生源地相应年份录取成绩的;由低学历层次转为高学历层次的;以定向就业招生录取的;无正当转学理由的。

学生因我校培养条件改变等非本人原因需要转学的,我校出具证明,由省教育厅协调转学到同层次学校。

转学需由学生本人申请,依照省教育厅及相关学校规定办理手续。

第十六条 其他学校的学生转入我校学习者,原校所学的课程考试合格者可申请我校相同课程免修,原校未修课程须重修。

学生转学或转专业后,须修满转入专业人才培养计划所规定的全部学分,方可毕业。

附件1:湖南网络工程职业学院学生学籍异动审批表

附件2:湖南网络工程职业学院学生转专业(转班级)审批表

附件1

湖南网络工程职业学院学生学籍异动审批表

归档号：

姓名		性别		身份证号		
原所在系及班级：			学号（考生号）：		联系电话：	
异动类型：	□保留入学资格 □保留学籍 □休学 □复学 □退学					

申请事由： 申请人签名： 　　　　年　月　日				家长意见	签名： 联系电话： 　　　　年　月　日	
所在系意见	辅导员签名： 　　　　年　月　日		校医务室意见	（申请因病休学、退学,病愈复学时签署） 负责人签名（盖章）：　　年　月　日		
	系负责人领导意见： 签名（盖章）：　　年　月　日					
拟编入班级 （复学时系部填写）			保留入学资格/保留学籍/ 休学审批时间（复学时审核）			
图书馆	（申请休学、退学时签署） 经办人签名（盖章）： 　　　年　月　日	学生公寓	经办人签名（盖章）： 　　年　月　日		武装部	（保留入学资格/学籍时签署） 经办人签名（盖章）： 　　年　月　日
学生处	负责人签名（盖章）： 　　年　月　日	教材中心	负责人签名（盖章）： 　　年　月　日		财务处	负责人签名（盖章）： 　　年　月　日
教务处	负责人签名（盖章）： 　　年　月　日	校领导	主管校领导签名： 　　年　月　日			

上述手续办完后,请将此表交所在系教务干事。
系教务干事签名：　　　　签收日期：　年　月　日

该生学籍异动已于 年 月 日办理,学籍状态可在学信网查询。
教务处学籍管理员签名：

说明：①本表可到系部教务干事处领取或从网院教务处网页下载;②由学生本人到相关部门办理审批手续后交所在系教务干事,系教务干事再将本表交教务处学籍管理员办理学籍异动;③异动后原件留教务处存档,另复印一份交系教务干事留存;④保留入学资格的学生应在下一学年开学时申请复学,保留学籍和休学的学生应在期满后学期开学时申请复学。

附件 2

湖南网络工程职业学院学生转专业(转班级)审批表

编号：

考生号或学号		姓名		联系方式		是否单招或艺考	
转出学院				录取专业现学专业(班级)			
转入学院				转入专业(班级)			

转专业(班级)理由：

申请人签字：

年　月　日

学生的在校表现鉴定：

辅导员签字：

年　月　日

转出学院意见：

院领导签字：

年　月　日

转入学院意见：

院领导签字：

年　月　日

教务处审批意见：

教务处负责人签字：

年　月　日

主管副院长意见：

签字：

年　月　日

注：此表全部手续办完，原件留教务处，复印件留学生所在系。

湖南网络工程职业学院考务管理制度

第一章　课程考试与考查的规定

第一条　学生必须参加专业教学计划要求的课程考核(考试或考查)。考核成绩记入学生成绩册,并归入学生学籍档案。

第二条　课程考核分为平时考核(形成性考核)和期末考核。学生的课程成绩由平时考核(含课堂讨论、作业、论文、实训、出勤等)的平时成绩和期末考核成绩综合评定。

第三条　课程考核形式可以多样化。根据课程性质与特点,可采用闭卷或开卷,分别以笔试、口试、笔试十口试、课程论文、实操等形式进行。课程考核形式由任课教师确定,报教研室及二级学院审核,交教务处备案。

第四条　课程期末考核时,由教务处负责组织思政、英语等公共课程的考试(校考),其他课程由各二级学院组织考试(院考或随堂考)。

第五条　学生的课程综合评定成绩 60 分为及格。成绩不及格者,可在第二学期期初参加补考,通过补考还不及格者,可申请重考。

第二章　期末考核考场规则

第六条　考生应于考前 15 分钟入场,按考场要求入座。开考铃响后,才能开始作答。

第七条　考生迟到 15 分钟以内者,需向监考老师陈述原因,经批准后,方能进入考场;迟到 30 分钟以上者不得进入考场参加考试。

第八条　考生除按试卷要求填写专业、班次、学号、姓名等考生信息和答案外,不得在试卷上做任何其他标记。考生信息填写在密封区内,答案写在答题区内。

第九条　考生只准带必需的考试用品参加考试。考试开始前,考生必须出示学生证、准考证、身份证等有效证件,并将证件放在座位的左上角,不带有效证件的不准参加考试。

第十条　考生开考前应先检查试卷,如有缺损、字迹模糊等问题,可举手报告监考人员。涉及考试内容,考生不得随意询问监考人员。

第十一条　考生必须严格遵守考场纪律,不得舞弊。

第十二条　考生在考场内必须保持安静,答卷完毕,应将答卷和试卷背面向上,放在课桌上,并及时离开考场。

第十三条 考生考试 30 分钟后方能交卷。考生交卷后 不得在考场附近逗留、议论。一旦考试结束,考生必须立即停止答题,依次离开考场,且不得带走试卷和答题纸。

第三章 考场违纪、舞弊及处理

第十四条 考生不遵守考场纪律,不服从考试工作人员的安排与要求,构成考试违纪行为,有下列行为之一者,由监考人员记入"考场记录单",其该门课程成绩按"零分"处理:

(一)携带规定以外的物品(如手机等)且未放在指定位置的;

(二)在试卷答题区书写姓名、学生证号、准考证号或以其他方式做标记的;

(三)用非黑色笔芯答卷的(指定用铅笔答卷的除外);

(四)开考 30 分钟后,不听监考人员劝阻强行进入考场的;

(五)开考 30 分钟内,不听劝阻强行离开考场的;

(六)不服从监考人员管理,强行更换座位或未在指定的座位就座的;

(七)考试结束指令发出后,不听从监考人员告诫,继续答卷的;

(八)不听从监考人员告诫,交头接耳、左顾右盼、互打暗号或手势的;

(九)在考场内吸烟、喧哗或有其他影响考场秩序的行为,经制止仍不改正的;

(十)通信工具未关闭的;

(十一)不服从监考人员的监督、管理,发生争吵的;

(十二)留考隔离期间与场外人员接触的;

(十三)其他违反考场纪律但尚未构成作弊行为的。

凡漏写姓名、准考证号、学生证号、座位号或字迹模糊尤法辨认的试卷,均按此条规定处理。

第十五条 考生违背考试公平、公正原则,以不正当手段获得或者试图获得试题答案、考试成绩,构成考试作弊行为。考生有下列情况之一者,取消其该门课程考试成绩,按作弊处理;取消该生该科目下一次补考资格;在该生学籍及成绩档案中记录"作弊":

(一)违反规定携带与考试内容相关的资料或电子设备的;

(二)抄袭或协助他人抄袭试题答案的;

(三)抢夺、窃取他人试卷、答卷,或强迫他人为自己抄袭提供方便的;

(四)在考试过程中使用通信工具的;

(五)将试卷、答题卡或统一发放的草稿纸带出考场,或故意销毁试卷、答卷及其他考试材料的;

(六)在答卷上填写与本人身份不符的姓名、考号等信息的;

(七)传接或交换试卷、答卷、草稿纸的;

(八)交卷后,为正在答卷的考生提示答案的;

(九)与考务工作人员串通实施作弊行为,事后查实的;

(十)有其他作弊行为的。

第十六条 考生有下列严重违纪或作弊行为的,取消考生当次报考的各门课程的成绩,并在该生学籍及成绩档案中对该门课程分别记录"替考"或"违纪",其课程成绩档案中记录"零分":

(一)代替他人考试或由他人代替本人考试的;

(二)严重扰乱考试秩序的。

第十七条 考生有下列情况之一的,取消考生学习期间所有成绩:

(一)代替他人考试或由他人代替本人考试 2 次及以上的;

(二)严重扰乱考场秩序,辱骂、殴打监考人员或其他考生的;

(三)考前窃取考试试题及答案的;

(四)一次考试期间内,累计 2 次及以上严重违纪或舞弊的。

第十八条 有下列情况之一的,取消该考场全体考生的考试成绩:

(一)考场纪律混乱,考试秩序失控,出现大面积考试作弊现象的;

(二)经鉴定"雷同"答卷超过该考场实际答卷数三分之一的。

第十九条 考生因作弊或违纪行为获得成绩,或已经取得证书的,经查实后,成绩和学籍记录按第十四条、第十五条、第十六条相应条款进行处理,所获证书无效并收回。

第二十条 考生如违反《治安管理处罚条例》等,由公安机关进行处理;构成犯罪的,由司法机关依法追究刑事责任。

第二十一条 对以上各条处理,考试管理部门须做好记录,由两名考务工作人员在记录上签字,并告知考生。严重违纪或舞弊的,还应通知学生家长。

第四章　补考规定

第二十二条 不论是考试还是考查,只要是学生其课程学期总评成绩不及格的,都要参加该课程的补考,学生课程补考不及格的必须进行该课程的重考。

第二十三条 补考一般在下学期的第 1～2 周进行,补考内容为上学期所教的该课程的内容。

第二十四条 教务处组织公共课程的补考,其他课程的补考均由各二级学院组织。

第二十五条 无故不参加期末考试和考试有舞弊行为的学生,不能参加补考,只能进行该课程的重考。

第二十六条 由于特殊原因,不能参加学期补考的学生,必须提供足够证据,经本人申请,各二级学院、教务处批准,才能安排缓考,时间安排在下学期期初与补考时同时进行。

第二十七条 补考、重修费的收取按湖南省财政厅、教育厅及学院有关规定执行。

湖南网络工程职业学院
课程考核及成绩评定暂行规定

第一条　考核的原则

(一)课程考核应坚持"科学、客观、公平、公正"的基本原则。凡专业人才培养方案中规定的每一门课程(包括军训、劳育实践、顶岗实习、毕业设计等实践教学类课程)都必须进行考核。

(二)学生参加专业人才培养方案中规定的课程考核,成绩合格后才能取得相应学分。考核成绩与学分同时记入成绩册,并归入学生学籍档案。

(三)课程考核一般按学期进行。

第二条　考试的组织

(一)教务处负责组织全校公共必修课考试,负责对各二级学院组织的考试进行宏观调控和监督。

(二)各二级学院的课程考核工作由各二级学院组织。

(三)考查课程及实验课、体育课、全校公共选修课考试原则上安排在十八周或之前完成。二级学院和教务处统一组织的考试原则上在十九周完成(以实际教学周为准)。

第三条　考试方式

(一)课程的考试方式可闭卷或开卷,可分别采用笔试、口试、笔试+口试、实操、课程小论文、调查报告或以证代考、技能鉴定等形式进行。鼓励每个专业50%以上的课程采取技能测试等形式,直接考核学生实际应用能力。

(二)课程考核内容以教学大纲为依据,着重考核学生的基本知识和基本技能掌握程度;考试时间一般为90分钟。

第四条　组考要求

(一)考前各学院召开学生大会或班会,认真学习有关规章制度,强调考试纪律。

(二)考场布置按准考证号或学号呈"Z"形单列排坐。

(三)学生参加课程考核须携带准考证、学生证或身份证;暂无学生证、身份证的学生,须由二级学院出具证明方能参加考试。

(四)学生考试违纪行为按《湖南网络工程职业学院考务管理制度》有关规定处理。

第五条　成绩评定及管理

(一)课程成绩一般采用100分制、整数记分。实践性教学环节采用五级记分制(优秀、良好、中等、及格、不及格)。五级记分制与100分制的关系为:≥90分记优秀,80~89分记良好,70~79分记中等,60~69分记及格,<60分记不及格。

（二）考试成绩由平时成绩和期末考试成绩组成,平时成绩和期末考试成绩所占百分比以课程教学大纲的相关规定为准。学期内学生平时成绩包括考勤、学习态度、作业、实验、课堂提问、平时测验、技能测试等方面。作业有三分之一未交者或缺课三分之一者不得参加该课程的考核,该课程成绩以零分计。

（三）凡是进行笔试的科目,都要求进行流水作业评卷。

（四）课程管理学院安排任课教师在规定的时间内及时登录提交成绩,以便学生通过教务管理平台随时查阅。

（五）考试成绩一经上报教务处,任何人不得改动。个别特殊情况要求重新认定成绩的,必须由本人提出申诉,评卷教师填报《课程成绩更改申请单》,经课程所在学院的主管领导、教务处批准,由课程所属学生所在学院教务干事和教务处成绩管理员共同复查试卷核实。

第六条　缓考、补考

（一）学生修读过程中原则上不实行缓考。若因特殊原因(住院、公事外出、考试时间冲突等)不能参加考试的学生,提前提交缓考申请,持有关证明向所在二级学院申请,经二级学院院长批准报教务处备案方可缓考。

（二）缓考安排在下学期期初随补考进行,其成绩记录为正常考试成绩,缓考不合格者不再安排补考,可以申请重考。

（三）凡未参加考试且在考前未办理缓考手续者,一律作旷考处理。其课程成绩记为无效,并注明"缺考"。

（四）凡考试违纪或作弊者,该课程成绩记零分,不能参加正常补考,并按照有关规定给予纪律处分。根据学生的表现,确定其是否准予重考。准予重考申请,须报教务处备案,经批准者须履行相应重考手续,方可重考该课程。

（五）每学期的补考一律安排在开学后两周内进行,补考成绩必须在补考后一周内交教务处。

第七条　课程重考

（一）首次修读课程不及格,给予一次补考的机会,补考不及格者必须重考。在有效学籍年限内,重考次数不受限制。

（二）重考范围:

（1）必修课和限定选修课考核不及格,经补考后仍不及格者一律实行重考。

（2）任意选修课不及格者可以重考,也可以另行选修其他课程,以取得规定的学分。

（3）对已取得的课程成绩不满意者。

（4）学生转学或转专业后,现专业未修的课程,必须自修或重修重考,其成绩按正常成绩记。

（三）重考要求:申请重修考试的课程,应为当学期所开设的课程。

（四）重考成绩的记载:重考课程成绩按实际重考取得的成绩记载。

湖南网络工程职业学院
校级公共选修课选修说明与指南

第一条 在校期间,学生须修满 6 学分校级公共选修课程,其中包含 2 学分艺术类课程;鼓励选修大学美育、四史、中国优秀传统文化、工匠精神、创新创业等方面课程。

第二条 校级公共选修课以网络平台选课学习的形式进行。网授课上课时间不受约束,学生可自行安排,但须在规定的时间完成学习及考试。

第三条 校级公共选修课在第 2～5 学期第 2～16(17)周开设,每门课程开设30(32)课时。

第四条 学生在开课期内每学期原则上最多只能选修 2 门校级公共选修课;校级公共选修课不设补考,只可重选;选课超出 3 门的(以选课成功为依据),参照学校课程重修规定,另行收费。

第五条 选课在开课学期的上学期期末或者开学第一周进行。课程选定后不要轻易退选,以免漏选或无法补选。

第六条 选课网址及流程如下。

从学校智慧校园(http://e.hnou.cn)登录,进入后点击右上角的登录按钮。

系统支持微信扫描登录或者智慧校园学号/工号密码登录。

　　登录智慧校园后在最底部的"业务直通车"点击"教务系统"即可进入教务系统,无须再输入账号、密码。

　　登录教务系统后,点击"我的"—"My"—"选课"菜单,进入选课功能页面。

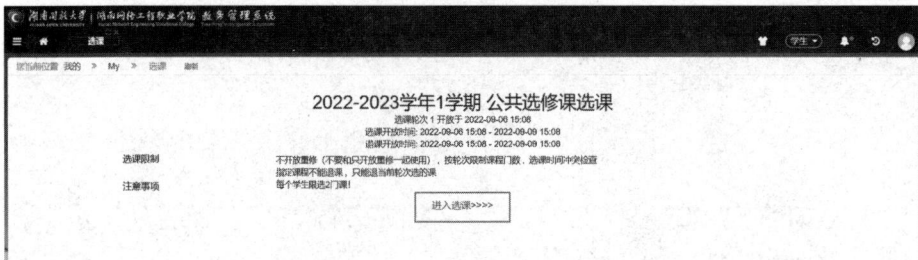

点击"进入选课"按钮,进入选课操作页面,如下图所示,界面正上方可以查看本人的课表信息,在正下方可以查看本次选课"可选课程"和"已选课程"。

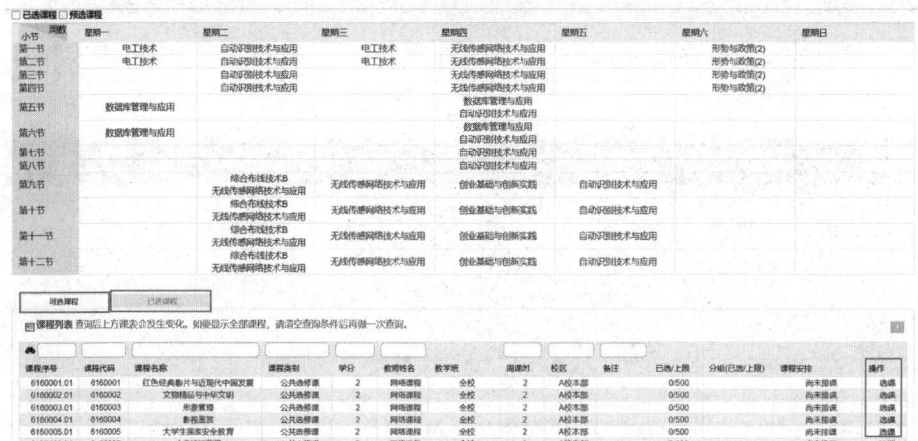

选课操作:在可选课程列表中可以查看相关课程信息,如课程代码、课程名称、课程类别、学分、教师姓名、教学班、已选人数和人数上限,也可以点击课程列表下方的课程名称、课程类别等进行搜索查询。点击课程列表最后面的"选课"按钮提交即可完成选课。

退课操作:点击"已选课程",如下图所示,可以查看本学期已选的所有课程(必修课也会列在已选课程中,但不能退课),点击需要退课的课程最后面的"退课"按钮即可完成退课。

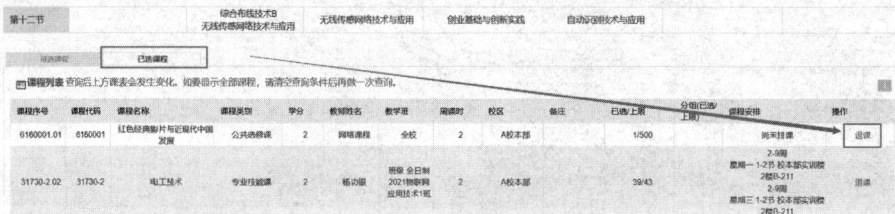

湖南网络工程职业学院
毕业设计工作规范

第一条　目的和基本要求

（一）目的：毕业设计（含作品、作业，下同）是学生在校期间十分重要的综合性实践教学环节，是学生全面运用所学基础理论、专业知识和基本技能，对实际问题进行研究（或设计）的综合性训练，旨在培养学生的专业研究素养，提高分析和解决问题的能力，使学生的创新意识和专业素质得到提升，使学生的创造性得以发挥。

（二）基本要求：毕业设计要求学生综合运用理论知识、实践技能来解决本专业的实际问题。毕业设计为各专业学生必修环节，不得免修。

第二条　主要环节

毕业设计的主要环节有制订计划、培训、选题、毕业作业的指导、行文与修改、答辩、成绩评定、总结评优等。

第三条　选题原则及要求

（一）选题应符合专业培养目标和教学要求，以学生所学专业课的内容为主，不应脱离专业范围，要有一定的综合性，具有一定的深度和广度。

（二）选题应紧密联系实际，尽量贴近生产、生活实际，能体现学生进行需求分析、信息检索、方案设计、资源利用、作品（产品）制作、成本核算等能力和安全环保、创新协作等意识的培养要求。题目大小适中，难易程度适当。

（三）选题应鼓励创新，避免选择已经完全得到解决的常识性问题；选题范围既要与课程实践、企业发展新需求、新变化相关联，又要避免重复。

（四）选题一般实行教师指导与学生自选相结合的办法，原则上一人一题，确实需要多人合作完成的综合性设计，必须明确分工，必须注明每位学生独立完成的部分，保证各自独立完成所分担的部分。

（五）选题一经确定，一般不再变动。特殊情况必须修改的，须有书面申请报告，报学校审批。

第四条　写作要求

用一个学期以上时间进行资料收集、调查研究，并保留原始记录。酝酿拟写写作计划和提纲，经指导教师同意后撰写。

正文撰写。初稿完成后交指导教师审阅。按照指导教师的意见进行修改。每次修改需如实记录，并保留原始材料。每个学生必须在指导教师的指导下独立完成毕业设计作业任务，严禁弄虚作假，杜绝一切抄袭、剽窃代笔等弄虚作假行为。

第五条　具体要求、内容及格式

（一）毕业设计应做到观点新颖、明确，材料翔实、有力，论述充分，结构完整、严谨，语言通顺。高职学生的毕业设计强调的是实用性，不强调学术性。

（二）毕业设计应当属于本学科范围内，运用所学专业知识分析、解决现实问题，且具有较深入的分析研究，具有一定指导性与实用价值的调查报告、工作研究等亦可作为毕业设计。

（三）毕业设计文本主要内容包括：摘要、目录、正文、参考文献；设计所需的图纸、测试数据，以及计算机程序清单、软盘等相关材料。所引用的中外文参考文献资料，必须注明作者、著作的书名（或设计名称）、出版物名称、出版单位、出版时间。引用其他参考材料也应注明资料来源。

（四）毕业设计字数一般不少于4000字，毕业设计说明书字数不少于2000字。

（五）毕业设计文本要统一格式，统一使用A4纸进行文字打印及装订。

第六条　毕业设计答辩

（一）答辩人用10~15分钟介绍选题理由、研究思路及主要观点（或结论）。

（二）所有毕业生均须参加答辩。

第七条　完成时间

毕业生应于每年的5月20日前完成毕业设计。

湖南网络工程职业学院
岗位实习管理办法(学生须知篇)

第一条 岗位实习是学生职业能力培养的关键教学环节,是深化"工学结合"人才培养模式、强化学生职业道德、职业素质教育和学校教育与企业文化相结合的良好途径。通过岗位实习,学生能够尽快将所学专业知识与生产实际相结合,实现在校学习期间与职业岗位的零距离接触,牢固树立职业理想,养成良好的职业道德,练就过硬的职业技能。

第二条 岗位实习采取学校统一组织和个人自主联系实习单位相结合。无论是学校安排还是学生自主联系实习单位,学生均须与学校和实习单位签订实习协议,实习协议内容应包括各方的权利、义务,实习内容、考核目标、实习期间的待遇及工作时间、劳动安全(含人身意外伤害保险)、卫生条件等,实习协议应符合《中华人民共和国劳动法》的规定。

第三条 实习单位负责实习学生的日常管理和安全工作,并与学校保持联系,定期接待学校实习指导教师的走访,客观真实地向学校实习指导教师反映学生在单位的实习情况。

第四条 岗位实习的学生具有双重身份,既是一名学生又是岗位实习单位的一名员工,带队教师和指导教师要进行现场检查与指导,定期组织召开学习研讨会、讲座、经验交流会并上专业课等。实习学生要填写《岗位实习周记》等过程性材料,学校指导教师要进行评阅。岗位实习的学生必须做到以下几方面。

(一)认真学习岗位实习的有关管理规定,端正实习态度,明确实习目的,以保证每个学生能有明确的实习项目。

(二)由本人联系实习单位进行岗位实习的学生,在实习前要向所在二级学院报备,经所在二级学院同意后方准离校实习。实习期间应主动与校内指导教师保持联系,保持通讯方式的畅通。

(三)强化职业道德意识,爱岗敬业,遵纪守法,做一个诚实守信的实习生和文明的员工。

(四)服从领导和指导教师的安排,自觉遵守实习单位的各项规章制度,不做有损企业形象和学校声誉的事情,维护正常的实习秩序。特殊情况需请假时应征得实习单位的批准,并及时向学校指导教师报告。

(五)注意生产和人身安全,有任何突发事件必须及时向指导老师报告。

(六)认真履行本岗位职责,培养独立工作能力,努力提高自己的专业技能。

（七）认真做好实习现场工作记录，为撰写毕业实践报告积累资料。

（八）实习期间，在指导教师的指导下完成毕业实践报告。

（九）发生问题要及时向实习单位和学校指导教师报告，不得私自解决。对严重违反实习纪律，被实习单位终止实习或造成恶劣影响者，毕业实习成绩作不及格处理，并按学校有关规定进行处理。

（十）无故不按时提交毕业实践报告、毕业实习登记表等规定的实习材料者，实习成绩按不及格处理。

第五条 岗位实习鉴定与成绩评定

（一）岗位实习鉴定与成绩评定要求于实习结束前完成，由学校指导教师组织相关人员认真做好实习总结与实习鉴定，方式为自我小结与小组讨论评议相结合（请企业技术指导员、实习指导教师参加），填写《岗位实习鉴定表》并由实习单位领导签署意见并盖章。

（二）学生必须在规定的时间内完成全部实习任务，提交《毕业实践报告》及实习单位出具的实习鉴定等材料，方可取得实习成绩评定资格。

（三）校内指导教师根据学生在实习中对基本技能的理解和掌握程度、学生实习周记、实习中的纪律表现、企业指导教师意见和实习单位出具的鉴定综合评定实习成绩，也可由企业指导教师根据考核标准与要求及学生实习期间的综合表现直接评定实习成绩。

（四）实习成绩按优、良、及格、不及格四级记分制评定，记入学生档案。

（五）实习成绩不及格者不核发毕业证书。

湖南网络工程职业学院图书馆相关管理规定

第一章　入馆须知

为保持图书馆的良好秩序与环境,维护读者的共同利益,读者入馆时应自觉遵守以下规定。

(一)刷卡出入。读者凭本人校园一卡通刷卡进馆(刷卡不收费);无校园一卡通者应到服务台登记,听从工作人员安排;离馆时走出口通道;经过出口通道如遇监测器报警,应自觉配合工作人员的合理检查。

(二)保持安静。说话、走路要轻声;禁止在馆内喧哗、打闹、大声朗读;入馆时将手机调为静音、振动或关闭手机;接、打电话应到馆外或洗手间。

(三)严禁烟火。图书馆属国家一级防火单位,严禁携带易燃、易爆等违禁物品进馆;除洗手间外,严禁在馆内任何地方吸烟、使用明火。

(四)爱护公物。严禁随意涂抹刻画、挪移和破坏公用设施设备;严禁撕扯、裁剪、污损、盗窃书刊资料;书刊阅读后应放回原位;非办理借阅手续,严禁将书刊带出所在书库。

(五)讲究卫生。禁止携带食物进入书库、阅览室、自习室;禁止随地吐痰、乱扔杂物;禁止在馆内张贴、散发广告及其他宣传资料;禁止携带宠物进馆。

(六)遵守礼仪。言谈举止文明礼貌;衣着整洁,禁止赤膊、赤足、穿背心、穿拖鞋入馆。

(七)维护秩序。图书馆是文明的学习场所,请勿在馆内从事与读书、学习无关的一切活动,自觉维护图书馆文明的秩序、整洁的环境、安静的氛围。

(八)妥善保管。图书馆属公共场所,应妥善保管好自己的财物,防止遗失或被窃。如发生失窃事件及由此引起的纠纷,本馆概不负责处理。

(九)服从管理。自觉遵守图书馆的各项规定,主动接受图书馆工作人员的管理。在发生违规情况时,工作人员有权劝阻,并对当事人进行批评教育。对严重违反规定者,按相关规章制度进行处理,应支持、配合工作人员按章办事。

第二章　入库选书制度

(一)读者持校园一卡通入库选书。

（二）选书时，自觉使用代书板。

（三）不准备借出阅读的书刊，翻阅后须放回原处，不得随意乱丢，以免造成乱架。

（四）准备借出的书刊，按规定办理借书手续后，方可带出馆外。

第三章 书刊借还制度

（一）读者凭本人校园一卡通借阅书刊。没有校园一卡通的校内其他读者凭本人身份证和用人单位证明借阅书刊。

（二）读者必须使用本人证件借阅书刊（还书不需出示证件），且不得将本人证件转借他人借书或借用他人证件借书。因代借、冒借、转借所产生的一切后果均由持证人负责。

（三）校内在编和编外聘用教职工借书总数原则上控制在 15 册以内（其中小说控制在 3 册以内），单次借期不超过 6 个月；确因教学科研需要的，总数控制在 30 册以内，单次借期不超过 6 个月。过期需办理续借手续。超过借书册数和期限，系统不能办理借书手续。

（四）学生借书总数控制在 5 册以内（其中小说不超过 2 册），借期 1 个月，不续借；专业书借期 2 个月，可续借一次，但须带原书来馆办理续借手续。超过借书期限和册数，系统不能办理借书手续。

（五）校内其他工作人员借书需交押金，且每次所借图书金额不得超过押金的一半。如有超过，需加收押金。借期不得超过 1 个月。原则上不续借。

（六）校园一卡通如遗失，应即时到学校相关部门挂失，办理补卡手续。补办一卡通期间停止借书。

（七）爱护和妥善保管所借图书，不得将书刊折叠、污损、作记号、撕扯、丢失。如有上述现象，按《书刊赔偿条例》处理。

（八）借书时请当面检查所借书刊有无污损。如有问题，及时向馆内工作人员申明，经工作人员检查确认无误后再将书刊带出馆外。

（九）毕业班学生在毕业当年 5 月 30 日终止借阅图书，同时需将借阅的书刊归还图书馆。凡有欠还书刊或未按规定赔偿的学生或教职工不能办理离校或调离手续。

第四章 书刊设备损坏赔偿制度

一、对污损书刊资料的处理

（一）用铅笔在所借书刊资料上涂改、勾画、圈点、批注，须先用橡皮擦干净，做到不损伤书刊；无法处理干净的，除收回原书刊外，按原书刊价 1 倍赔款，或购同一版本新书赔偿。

（二）用毛笔、钢笔、圆珠笔等在所借书刊上涂改、勾画、圈点、批注或用其他方式污损书刊，不能清理干净的，除收回原书刊外，按原书刊价 2 倍赔偿，或购同一版本新书赔偿。

（三）将书刊的插图、表格、文章裁剪、撕扯据为己有的，一经查出，按偷窃处理，除按原书刊价 5 倍罚款外，当事人还须上交书面检讨，对态度不好者还将进行通报批评，报上一级组织严肃处理。

二、对遗失书刊的处理

（一）遗失书刊资料，以赔偿同版书刊为基本原则，允许赔偿再版同类书籍，如确实买不到同样版本的新书，则按有关规定赔款处理。

（二）1989 年以前出版的书籍按原书价翻 1 倍后再乘以 10 进行赔偿；1990—1995 年出版的书籍按原书价的 3～5 倍赔款；1996 年以后出版的书籍按原书价的 2 倍赔款。

三、对偷窃书刊的处理

偷窃书刊资料，一经发现，立即追回原书刊，对当事人除要求其做出公开检讨外，还将按所窃书刊的 5～10 倍罚款。态度恶劣者，上报学校处理。

四、对污损、偷窃设备的处理

污损图书馆设备（包括在桌椅等设备上写字、刻记号，甩、踩桌椅等），除对当事人进行严肃教育外，还将处以所损设备当前市场价 1 倍的罚款；偷窃设备，除追回设备外，还将对当事人处以所偷设备价格 2 倍的罚款。

第五章　现刊阅览室制度

（一）室内现刊及各种交换资料只供室内阅览，不得随意带走。须复印时，要办理借阅登记手续，当天归还。

（二）文明阅读，不得穿拖鞋、背心、短裤入室。

（三）维护秩序，不得哄抢、移动座位。

（四）保持安静，不得在室内朗读、交谈、喧哗、嬉闹。

（五）注意卫生，不得在室内吸烟、吃东西、丢纸屑、吐痰。

（六）爱护财物，不得在期刊资料上涂画、撕页、开"天窗"；不得在阅览桌椅、墙壁上乱涂、乱画、乱刻。

（七）违反上述规定者，工作人员有权劝阻。不听劝阻者，按相关制度办法进行处理。

第六章　电子阅览室制度

（一）上机者凭本人校园一卡通上机。没有校园一卡通的校内其他上机者凭本人身份证和用人单位证明上机。无证件者谢绝入室。

（二）上机者必须使用本人证件上机，且不得将本人证件转借他人使用。因借用、冒用所产生的一切后果均由持证人负责。

（三）上机者必须服从值班人员的管理，自觉遵守国务院颁发的《中华人民共和国计算机信息系统安全保护条例》《计算机信息网络安全保护条例管理办法》及学校的有关规定。

（四）上机者请在指定机位上机，不得随意调换机位和更换设备，禁止一机多人使用。

（五）保持室内卫生整洁，禁止在室内吸烟，禁止在室内吃东西、喝饮料，禁止随地吐痰、乱扔垃圾。

（六）任何上机者不得在本阅览室观看含有色情、反动、迷信、暴力等内容的电子出版物。

（七）上机者未经本阅览室管理人员允许，一律不得私自改动机器内程序，不得删除机内资源和向机内复制信息，更不得利用黑客技术对网络进行恶意攻击和破坏，一经发现，按有关规定严肃处理。

（八）上机过程中出现机器故障，应立即报告工作人员解决，读者不可擅自处理，因擅自处理损坏计算机及其他设备的，照价赔偿。

第七章　电子阅览室安全制度

（一）电子阅览室是电子设备重地，严禁闲杂人员进入室内逗留。上机者需持有效证件进入电子阅览室。

（二）上机者注意操作安全，不要擅自插拔插头、挪动电源、牵扯各种电源线，出现问题应及时与管理员联系，不得擅自处理。电脑元器件及随机设备如耳麦、接线、插头、电源插座等严禁带离电子阅览室，否则作偷盗处理。

（三）为维护网络安全，上机者不得私自装卸、删除随机和自带的软件，不得自带设备入内连机操作使用。

（四）遇到紧急情况（如晚间停电等），应保持镇定，由管理员统一组织疏散、离开，不得起哄。

（五）不得使用打火机、蜡烛等火源，严禁携带火源入室，严禁在室内吸烟。

（六）管理员需经常检查电源、电线等，查出隐患及时处理。熟悉灭火器放置地点，并能熟练操作灭火器。

（七）关闭电子阅览室前，管理员需认真清点设备，断开所有电源，关好门窗方能离开。

第八章　报纸阅览室制度

（一）报纸阅览室存放当月报纸，专供读者现场阅读，原则上不外借。须复印时，要办理借阅登记手续，当天归还。

（二）文明阅读，不得穿拖鞋、背心、短裤入室；阅读时，应轻拿轻放；阅读完毕，应将报纸放回原处。

（三）注意卫生，不得在室内吸烟、吃东西、丢纸屑、吐痰。

（四）保持安静，不得在室内朗读、交谈、喧哗、嬉闹。

（五）爱护财物，不得撕、剪、涂画报纸；不得在阅览桌椅、墙壁上乱涂、乱画、乱刻。

（六）对违反上述规定者，工作人员有权劝阻。对不听劝阻者，按相关制度办法进行处理。

第九章　过刊阅览室制度

（一）本室存放过刊，可在室内阅览，也可以到服务台办理借书手续借出阅读。须复印时，应找当班工作人员办理。

（二）文明阅读，不得穿拖鞋、背心、短裤入室；阅览时每次取一种过刊，阅读完毕，应将过刊放回原处，如找不到原位置，可向工作人员咨询。

（三）保持安静，不得在室内朗读、交谈、喧哗、嬉闹。

（四）注意卫生，不得在室内吸烟、吃东西、丢纸屑、吐痰。

（五）爱护公物，不得在过刊资料上涂画、撕页、开"天窗"；不得在阅览桌椅、墙壁上乱涂、乱画、乱刻。不得随意搬动阅览桌。

（六）对违反上述规定者，工作人员有权劝阻。对不听劝阻者，按相关制度办法进行处理。

第十章　读者自修室规定

（一）本馆自修室对全校师生员工开放。

（二）读者应自觉维护自修室正常的学习环境与秩序，严禁穿背心、拖鞋进入自修室；不得在室内从事与读书、学习无关的一切活动。

（三）自修室座位先到先得，学习、使用完毕离开时，应将个人物品带走，不允许用物品占座位，更不允许一人占据多个座位。

（四）图书馆工作人员及学生管理员将不定期检查自修座位，并对用于占座位的物品进行清理；被清理的物品如有丢失，责任由占座位者自负。

（五）保持自修室安静，禁止大声喧哗，以免影响他人学习。自修时务必将手机等通信工具关闭或置于振动状态，勿在室内拨打或接听电话。

（六）爱护室内的桌椅等设备，不得刻画、涂写、随意搬移，不得随意张贴各类告示。

（七）保持清洁卫生，不得将食物等带入自修室；不得随地吐痰、乱扔垃圾；室内严禁吸烟。

（八）保管好个人随身携带的贵重物品，防止遗失或被窃。如发生失窃事件及由此引发的纠纷，本自修室概不负责处理。

（九）遵守开放时间，服从值班工作人员的管理。

湖南网络工程职业学院学生评教制度

第一条 为建立科学、规范的教学质量监控与评价管理办法,加强学校内部自我约束,形成良好的教风、学风,在教学质量监控体系中建立学生评教制度。

第二条 凡我校学生均有权力和义务对教师开展评教。

第三条 凡是承担高职教学计划内教学任务的教师,均要接受学生评教。

第四条 学生评教每学期开展,评教时间在每学期 15 周之后,所有学生均需参与。

第五条 学生评教指标体系

(一)教学态度(20 分)

(1)仪表端庄,为人师表(10 分);

(2)备课充分,讲授认真;按时上、下课(10 分)。

(二)教学方法(20 分)

(1)教学方法灵活,注重启发与师生互动(10 分);

(2)表述生动,声音清晰,讲解逻辑性强(10 分)。

(三)教学内容(20 分)

(1)教学内容通俗易懂,案例分析贴近生活(10 分);

(2)教学内容丰富,理论联系实际(10 分)。

(四)教学管理(20 分)

(1)注重教学秩序及学生考勤的管理;课堂气氛融洽(10 分);

(2)作业布置恰当,批改及时认真;课后热情辅导(10 分)。

(五)教学反响(20 分)

(1)学生对该老师、该课程的喜欢程度(10 分);

(2)该老师、该课程对学生成长的影响程度(10 分)。

第六条 学生账号登录,参与学生评教流程

(1)学校首页下滑至页面底部(左下角)找到智慧校园。

(2)登录智慧校园(扫码登录或账号登录;用户名为学号,密码为身份证后 6 位)。

(3)在智慧校园最底部"业务直通车"中找到教务系统,点击进入。

(4)鼠标移至左上角"▤"按钮,选择量化评价,点击量化评价菜单,进入学生评教页面。

(5)点击教师姓名,对问题选项进行勾选,确保所有问题勾选评价后,点击"提交"按钮即可。

第七条 学生评教结果与教师的教学工作质量评价挂钩。

实践篇

团委深化改革实施方案(试行)

参照《学生会深化改革实施方案》,结合我委实际,制定《团委深化改革实施方案(试行)》。·

一、明确职能定位

我校团委(二级学院团委)是学校党委(二级学院党委)领导下的主要学生组织,是学校联系团员青年师生的桥梁和纽带。

我校团委(二级学院团委)以习近平新时代中国特色社会主义思想为指导,以加强对同学的政治引领为根本,以全心全意服务同学为宗旨,及时向同学传达党的声音和主张,引导广大同学自觉把个人理想融入党和人民的共同奋斗之中。

我校团委(二级学院团委)必须面向全校团员青年师生,坚持从青年中来,到青年中去,听取、收集青年在事业学业发展、身心健康、社会融入、权益维护等方面的普遍需求和现实困难,及时反馈学校,帮助有效解决。

二、改革运行机制

我校团委(二级学院团委)组织架构为"校团委(二级学院团委)书记、副书记 + 指导老师 + 工作部门"模式,工作部门组织架构为"负责人 + 工作人员"模式。

工作部门负责人集体负责部门重大事项,不设部长、副部长,设执行部长,执行部长由部门负责人轮值担任,以一个月为一个轮值周期,执行部长负责召集部门会议、牵头日常工作。

二级学院团委属于学校团委的基层组织,接受学校团委的领导和指导;团支部属于二级学院团委的基层组织,接受二级学院团委的领导和指导;加强学校团委、二级学院团委与团支部的工作联动,二级学院团委应当充分发挥贴近广大青年的优势,可在学校团委指导下承办面向全校师生的具体工作项目。

校团委(二级学院团委)要广泛动员广大青年师生的力量开展工作,善于在班级工作的基础上开展符合学校特点、满足同学要求的活动。

三、坚持精简原则

学校团委工作人员定额为 152 人,下设工作部门 15 个(分别为办公室、组织部、宣传部、纪检监察部、素质拓展部、权益维护部、青年志愿者协会、社团工作部、新媒体中心、通讯社、广播站、国旗班、礼仪队、大学生艺术团、创业就业部),其中学生副书记为 2 人,各工作部门负责人为 3 人(共计不超过 45 人),各非承担特殊职能工作部门工作人员原则上不超过 7 人(共计 105 人),大学生艺术团、国旗班、礼仪队等承担特殊职能的部门除外,但最多不宜超过 10 人。

二级学院团委工作人员定额为 73 人,下设工作部门一般为 8 个(分别为办公室、组织部、宣传部、素质拓展部、权益维护部、青年志愿者协会、社团工作部、创业就业部),其中学生副书记为 1 人,各工作部门负责人为 3 人(共计 24 人),各工作部门工作人员 6 人(共计 48 人)。

校团委(二级学院团委)确需主办的重大工作或活动,可根据需要以项目化方式招募志愿者,吸收学生参加,因事用人、事毕人散。

校团委(二级学院团委)定于每年新生军训结束后进行实习工作人员招募工作,实习期原则上为一个学年,考察合格后按照空余岗位职数转正。

四、明确遴选条件

校团委(二级学院团委)工作人员须为共产党员或共青团员,理想信念坚定,热爱和拥护中国共产党,具有强烈的爱国意识、爱国热情,积极弘扬和践行社会主义核心价值观,品行端正、作风务实、乐于奉献,具有全心全意为广大同学服务的觉悟和能力。

校团委(二级学院团委)工作人员须学有余力,学业优良,近一个学年学习成绩综合排名在本年级、本专业前 30% 以内,且无课业不及格情况。

五、严格遴选程序

校团委(二级学院团委)学生副书记由团员代表大会(或常任代表会议)选举产生,不在换届周期内的由届内换任竞聘遴选产生。校团委学生副书记候选人应由二级学院团委推荐,经二级学院党委同意,由校团委审查后,报学校党委确定。学生副书记候选人要具有代表性,从校团委(二级学院团委)工作人员和各领域优秀学生典型中产生。校团委工作部门成员由二级学院团委推荐,经二级学院党委同意,经校团委审核后确定。校团委工作人员中来自二级学院团委的成员一般不少于 50%。

二级学院团委学生副书记候选人和工作人员应当由班级团支部推荐,经二级学院团委同意,由二级学院党委确定。

六、规范召开代表大会

团员代表大会须每五年召开一次,每年进行一次届内换任竞聘遴选。代表经班级团支部推荐、所在二级学院团委选举产生,代表名额不低于所联系学生人数的 1%,名额分配要覆盖各个学院、年级及主要学生社团。团员代表大会选举结果应当向大会公告,并经学校党委(二级学院党委)批准,报上级团组织备案。

七、坚持从严治团

落实团中央关于《关于新形势下推进从严治团的规定》,按照全面从严治党要求,大力推进从严治团,充分发挥党的助手和后备军作用,巩固和扩大党执政的青年群众基础,引领广大青年紧跟党走在时代前列,去除"机关化、行政化、贵族化、娱乐化"现象,增强"政治性、先进性、群众性",构建"凝聚青年、服务大局、当好桥梁、从严治团"四维工作格局。新形势下,大力推进从严治团,要做到正本清源、名副其实,使团干部更像团干部,团员更像团员,团的组织更加充满活力。二级学院团委决定重要事项或开展重大活动,须事先向学校团委报告。校团委(二级学院团委)工作人员出现违反校规校纪、道德失范以及与学生不相称行为等问题的,校团委(二级学院团委)要迅速调查核实,按规定和程序及时予以处理。

八、建立述职评议制度

组建以团员代表为主,校团委、二级学院团委等共同参与的评议会,各学院二级学院团委学生副书记和工作部门负责人每学期向评议会述职,评议会从政治态度、道德品行、学习情况、工作成效、纪律作风等方面对其进行全面客观的综合评价。建立以服务和贡献为导向的激励机制[如《学校"第二课堂成绩单"制度实施办法(试行)》和《团委、学生会工作人员工作拍照打卡的绩效考核办法(第二版)》],参加评奖评优、测评加分、推荐培训等事项时,依据评议结果择优提名,不允许与其岗位简单直接挂钩。

其他有关校团委(二级学院团委)的规定与本方案不一致的,以本方案为准。

附

校团委下设部门及其职能、职责

一、办公室

办公室是负责文书档案、场所物资管理和会务文秘的综合协调部门,主要工作职能有以下几方面。

(一)文书档案管理:负责各部门工作计划、总结等文书档案的收集、审核和整理工作;负责各部门工作人员通讯录的编辑、发布和更新工作。

(二)办公场所与物资管理:负责各办公场所分配、内务检查及管理工作;负责各部门办公用品的需求收集、申购添置和分配管理工作。

(三)会务文秘服务:负责各类会议的通知、考勤和记录工作;负责各部门干部干事值班安排及考勤工作。

(四)其他工作:应参与全校性重大工作和活动,完成校团委、学生会指导老师、学生团委副书记和主席团交办的其他工作。

二、组织部

组织部是负责基层团组织建设、团学干部和团员队伍建设的综合管理部门,主要工作职能有以下几方面。

(一)基层团组织建设:负责研究提出有关团的组织建设制度,指导二级学院团委组织部在全校各班级团支部中布置、开展团的组织生活会和主题团日活动,进行检查、评比工作;负责指导二级学院团委组织部在全校学生团员中开展年度评优表彰和每周升国旗爱国主义教育工作(含国旗、团旗和团徽管理);负责指导二级学院团委组织部督促各班级团支部做好团内推优入党工作。

（二）团学干部队伍建设：负责校团委、学生会各部门工作人员招新方案、职数审定工作；实习工作人员培养计划制定、拟培养干部的审查工作；各部门实习工作人员报名登记表和团学干部履历表的指导填报、收集和归档工作。

（三）团员队伍建设：负责指导二级学院团委组织部开展团员发展、团费收缴、团员注册工作（含团员证补办）等"三会两制一课"工作；负责指导二级学院团委组织部进行团员档案收集、整理及规范管理、智慧团建及青年大学习等相关工作。

（四）其他工作：参与全校性重大工作和活动，完成校团委、学生会指导老师、学生团委副书记和主席团交办的其他工作。

三、宣传部

宣传部是负责党团重大事件、校园文化活动宣传和团学宣传阵地规划，负责团校管理和学校青年马克思主义者培养工程（简称"青马工程"）建设的综合管理部门，主要工作职能有以下几方面。

（一）党团重大事件宣传：负责指导二级学院团委宣传部，利用校团委宣传栏、宣传展板（移动钢架），协同新媒体中心、通讯社、广播站利用各自的宣传载体，同步开展党团大政方针、重大事件和国家法定节假日、纪念日、宣传日的宣传展示工作。

（二）校园文化活动宣传：负责指导二级学院团委宣传部，利用校团委宣传栏、宣传展板，协同新媒体中心、通讯社、广播站利用各自的宣传载体，同步开展校园文化活动宣传展示工作。

（三）团学宣传阵地规划：负责校团委宣传栏、宣传展板的管理和规划，协调校属其他部门借用、归还宣传展板；负责宣传展板的位置摆放、固定与巡察。

（四）团校管理：负责制定年度团校培训计划，指导二级学院团委组织开展大学生骨干、团学干部培训工作。

（五）"青马工程"建设：负责制定年度"青马工程"（含"青马在线"）学习计划，进行学习名额分配，学习过程监督，组织考核验收。

（六）其他工作：参与全校性重大工作和活动，完成校团委、学生会指导老师、学生团委副书记和主席团交办的其他工作。

四、纪检监察部

纪检监察部是负责对各部门工作人员进行工作纪律检查、工作绩效监督与考核，以及受理、处置部门及个人投诉意见的综合协调部门，主要工作职能有以下几方面。

（一）工作纪律检查：负责对各部门工作人员在日常工作和活动中执行规章制度、遵守工作纪律情况、传达会议精神情况进行监督、检查。

（二）工作成效监督：负责牵头对各部门及工作人员各项工作绩效进行监督、考核，评定部门及个人月、学期、年度考核等。

（三）投诉受理处置：负责受理对各部门工作人员之间为人处事、检查考核结论的投诉及意见，调查处置。

（四）其他工作：参与全校性重大工作和活动，完成校团委、学生会指导老师、学生团委副书记和主席团交办的其他工作。

五、素质拓展部

素质拓展部是负责"第二课堂成绩单"制度建设、素质拓展活动组织工作的综合管理部门,主要工作职能有以下几方面。

(一)"第二课堂成绩单"制度建设:负责向已开展"第二课堂成绩单"制度的高校学习借鉴成功经验,结合我校学生综合测评办法,指导二级学院团委素质拓展部进行探索建设和完善工作。

(二)素质拓展活动组织:负责制定加强工作人员团队协作精神的素质拓展活动方案及具体组织实施工作。

(三)其他工作:参与全校性重大工作和活动,完成校团委、学生会指导老师、学生团委副书记和主席团交办的其他工作。

六、权益维护部

权益维护部是指导二级学院团委权益维护部、各班级团支部权益维护委员共同负责学生学习、生活及成长成才中遇到的困难和需求收集、协调解决和反馈的综合管理部门,主要工作职能有以下几方面。

(一)学生权益维护:负责指导二级学院团委权益维护部、班级团支部权益维护委员通过电子邮件、困难需求信箱、阳光服务平台权益诉求登记等途径收集广大同学在学习、生活中遇到的权益诉求,通过校(部门)领导接待日等途径,向学校相关职能部门汇报,权益诉求得以解答或解决后,通过有效途径进行反馈。

(二)其他工作:参与全校性重大工作和活动,完成校团委、学生会指导老师、学生团委副书记和主席团交办的其他工作。

七、青年志愿者协会

青年志愿者协会是负责志愿者注册管理、志愿公益服务活动组织和社会服务实践工作组织的综合管理部门,主要工作职能有以下几方面。

(一)志愿者注册管理:负责指导二级学院团委青年志愿者协会统一组织开展网上志愿者注册、会员档案建立和参加志愿服务活动登记、认证工作。

(二)志愿公益服务活动组织:负责指导二级学院团委青年志愿者协会统一组织我校注册志愿者,参与"学雷锋"活动月、敬老院(福利院)关爱陪伴以及无偿献血等志愿公益服务活动;负责完成青年志愿者协会网络志愿服务活动的组织和资料上传,指导二级学院青年志愿者协会完成网络志愿服务活动的组织和资料上传工作。

(三)社会服务实践工作组织:负责指导二级学院团委青年志愿者协会统一组织我校注册志愿者,参与"三下乡"暑期社会实践、"四进社区"校地共建社会实践、大学生志愿服务西部以及校园迎新等社会服务实践工作。

(四)其他工作:参与全校性重大工作和活动,完成校团委、学生会指导老师、学生团委副书记和主席团交办的其他工作。

八、社团工作部

社团工作部是负责学生社团管理和社团活动管理的综合管理部门,主要工作职能有以下几方面。

（一）学生社团管理:负责指导二级学院团委社团工作部按照团省委"社团全生命周期管理模式"(以下简称"模式")和学校《学生社团建设管理办法》(以下简称《办法》)开展社团管理工作;负责对各协会指导老师进行考勤、考核和评定工作;组织指导所属学生社团招新、优秀社团评比等工作。

（二）协会活动管理:负责指导二级学院团委社团工作部敦促各所属学生社团按照"模式"、《办法》和各社团章程开展活动;负责指导二级学院团委社团工作部进行各所属学生社团活动方案的审核、报批工作;负责协调活动场地和活动经费落实情况;策划、组织开展社团文化展演、晚会等活动。

（三）其他工作:参与全校性重大工作和活动,完成校团委、学生会指导老师、学生团委副书记和主席团交办的其他工作。

九、新媒体中心

新媒体中心是负责所属网络宣传媒体的建设管理和网络舆情监管的综合管理部门,主要工作职能有以下几方面。

（一）网络宣传媒体建设管理:负责所属网站、微信公众号、QQ 空间建设管理工作,及时发布公告通知;配合宣传部同步开展宣传展示工作;配合通讯社及时更新通讯报道。

（二）网络舆情监控:负责牵头对学校贴吧、QQ 群和微信群进行网络舆情监控,发现不对称信息及时上报。

（三）其他工作:参与全校性重大工作和活动,完成校团委、学生会指导老师、学生团委副书记和主席团交办的其他工作。

十、通讯社

通讯社是负责各类活动摄影、摄像和通讯稿撰写的综合管理部门,主要工作职能有以下几方面。

（一）摄影、摄像:负责携带相机等设备,参与各类活动影像资料的采编工作。

（二）撰写通讯稿:负责全校通讯员的管理、通讯稿审核和所参与活动的通讯稿撰写工作。

（三）其他工作:参与全校性重大工作和活动,完成校团委、学生会指导老师、学生团委副书记和主席团交办的其他工作。

十一、广播站

广播站是负责校园广播宣传和主持人培养的综合管理部门,主要工作职能有以下几方面。

（一）校园广播宣传:负责利用校园广播系统,配合宣传部同步开展党团大政方针、法定纪念日、宣传日的宣传展示工作,配合通讯社播报校园新闻;设计制作丰富多彩的广播节目。

（二）主持人培养:负责策划、举办播音员、配音员及主持人比赛,挖掘语言艺术类人才;与大学生艺术团主持团共同选拔、训练和培养节目主持人,输送参与各类节目主持人和参加朗诵、演讲比赛。

（三）其他工作：参与全校性重大工作和活动，完成校团委、学生会指导老师、学生团委副书记和主席团交办的其他工作。

十二、国旗班

国旗班是负责开展升旗、护旗等爱国主义教育活动的综合管理部门，主要工作职能有：负责国旗班旗手选拔、训练和管理工作；负责每周一早晨的升旗仪式和校园大型活动的升旗工作；负责国旗和校旗的管理；协助维护大型活动的秩序；参与全校性重大工作和活动，完成校团委、学生会指导老师、学生团委副书记和主席团交办的其他工作。

十三、礼仪队

礼仪队是负责训练专业礼仪服务队员和提供会务接待、活动颁奖礼仪服务的综合管理部门，主要工作职能有以下几方面。

（一）礼仪队员训练：负责组织选拔、训练礼仪队员，规范个人与整体仪态、社交礼仪；礼仪队训练场地、服装的管理、维护。

（二）礼仪服务提供：负责为校内（或代表学校外出）各种会务接待和活动颁奖提供礼仪服务。

（三）其他工作：参与全校性重大工作和活动，完成校团委、学生会指导老师、学生团委副书记和主席团交办的其他工作。

十四、大学生艺术团

大学生艺术团是负责指导各学院大学生艺术队进行艺术演员训练和晚会节目储备的综合管理部门，主要工作职能有以下几方面。

（一）艺术演员训练：负责招募声乐、舞蹈、主持、模特和器乐等5类艺术特长生和爱好者开展有针对性的训练工作；负责训练场地及服装的申请、维护和管理。

（二）晚会节目储备：负责元旦、毕业晚会艺术团节目的设计、编排与储备。

（三）其他工作：参与全校性重大工作和活动，完成校团委、学生会指导老师、学生团委副书记和主席团交办的其他工作。

十五、创业就业部

创业就业部是负责指导二级学院团委创业就业部进行创业就业比赛、实践活动的综合管理部门，主要工作职能有以下几方面。

（一）创业就业比赛活动：负责协助招生就业处共同组织开展各项创业就业比赛活动；负责活动场地、设备及服装的申请、维护和管理。

（二）创业就业实践活动：负责协助招生就业处共同组织开展创业项目孵化落地、线上线下招聘会等实践活动；负责"千校万岗"校院团委助力困难毕业生就业人力资源（人才资源）数据库建设。

（三）其他工作：参与全校性重大工作和活动，完成校团委、学生会指导老师、学生团委副书记和主席团交办的其他工作。

学生会深化改革实施方案

(本方案于 2020 年 11 月经校党委会审议通过)

根据教育部、团中央、全国学联印发的《关于推动高校学生会(研究生会)深化改革的若干意见》(中青联发〔2019〕9 号)有关精神和要求,结合我校实际,制定《学生会深化改革实施方案》。

一、明确职能定位

我校学生会是学校党委(二级学院党委)领导下的主要学生组织,是学校联系广大同学的桥梁和纽带。

我校学生会以习近平新时代中国特色社会主义思想为指导,以加强对同学的政治引领为根本,以全心全意服务同学为宗旨,及时向同学传达党的声音和主张,引导广大同学自觉把个人理想融入党和人民的共同奋斗之中。

我校学生会必须面向全校同学,坚持从同学中来、到同学中去,听取、收集同学在学业发展、身心健康、社会融入、权益维护等方面的普遍需求和现实困难,及时反馈给学校,帮助其有效解决。

二、改革运行机制

我校学生会组织架构为"主席团 + 工作部门"模式,工作部门组织架构为"负责人 + 工作人员"模式。

继续探索完善轮值制度。学生会主席团集体负责学生会重大事项,不设主席、副主席,设执行主席,执行主席由主席团成员轮值担任,以一个月为一个轮值周期,执行主席负责召集会议、牵头日常工作。工作部门负责人集体负责部门重大事项,不设部长、副部长,设执行部长,执行部长由部门负责人轮值担任,以一个月为一个轮值周期,执行部长负责召集部门会议、牵头日常工作。

二级学院学生会属于学校学生会的基层组织,接受学校学生会指导;班委会属于二级学院学生会的基层组织,接受学院学生会的指导。加强学校学生会、二级学院学生会与班委会的工作联动,二级学院学生会应当充分发挥贴近广大同学的优势,可在学校学生会指导下承办面向全校同学的具体工作项目。

学生会要广泛动员广大同学的力量来做工作,善于在班级工作的基础上开展符合学校特点、适合同学要求的活动。

三、坚持精简原则

学校学生会工作人员定额为 40 人,下设工作部门 6 个[分别为办公室、学习部、体育部、文娱部、劳动部(伙食管理委员会)、权益维护部],其中主席团成员为 5 人,各工作部门负责人为 3 人(共计 18 人),各工作部门工作人员 3 人(共计 17 人)。

二级学院学生会工作人员定额为 32 人,下设工作部门 6 个[分别为办公室、学习部、体育部、文娱部、劳动部(伙食管理委员会分会)、权益维护部],其中主席团成员为 3 人,各工作部门负责人为 3 人(共计 18 人),各工作部门工作人员 2 人(共计 11 人)。

学生会确需主办的重大工作或活动,可根据需要以项目化方式招募志愿者,吸收同学参加,因事用人、事完人散。

学生会定于每年新生军训结束后进行实习工作人员招募工作,实习期原则上为一个学年,考察合格后按照空余岗位职数转正。

四、明确遴选条件

学生会工作人员须为共产党员或共青团员,理想信念坚定,热爱和拥护中国共产党,具有强烈的爱国意识、爱国热情,积极弘扬和践行社会主义核心价值观,品行端正、作风务实、乐于奉献,具有全心全意为广大同学服务的觉悟和能力。

学生会工作人员须学有余力,学业优良,近一个学年学习成绩综合排名在本年级、本专业前 30% 以内,且无课业不及格情况。

五、严格遴选程序

学生会主席团由学生代表大会选举产生。学校学生会主席团成员候选人应由二级学院团委推荐,经二级学院党委同意,由学生工作处和校团委联合审查后,报学校党委确定。主席团成员候选人要具有代表性,从学生会工作人员和各领域优秀学生典型中产生。学校学生会工作部门成员由二级学院团委推荐,经二级学院党委同意,经学生工作处和团委审核后确定。学校学生会工作人员中来自学院学生会的成员一般不少于 50%。

二级学院学生会主席团成员候选人和学生会工作人员应当由班级团支部推荐,经学院二级学院团委同意,由二级学院党委确定。

六、规范召开代表大会

学生代表大会须每年召开一次。代表经班级团支部推荐、学院学生会选举产生,代表名额不低于所联系学生人数的 1%,名额分配要覆盖各个学院、年级及主要学生社团。学生代表大会选举结果应当向大会公告,并经学校党委(学院党总支部)批准,报上级学联、学生会组织备案。

七、坚持从严治会

落实《学生会研究生会干部自律公约》，践行学生会宗旨，珍惜代表服务同学和锻炼提高能力的机会。加强日常教育管理，坚决防范和克服功利化、庸俗化、"小官僚"等问题。学生会要面向大多数同学，依法依章程开展活动、接受管理，活动内容要积极向上。学生会决定重要事项或开展重大活动，须事先向校团委（二级学院团委）报告。学生会工作人员出现违反校规校纪、道德失范以及与学生不相称行为等问题的，校团委（二级学院团委）要迅速调查核实，按规定和程序及时予以处理。

八、建立述职评议制度

组建以学生代表为主，学生工作处、校团委、二级学院团委等共同参与的评议会，学生会主席团成员和工作部门负责人每学期向评议会述职，评议会从政治态度、道德品行、学习情况、工作成效、纪律作风等方面对其进行全面客观的综合评价。建立以服务和贡献为导向的激励机制[如《学校"第二课堂成绩单"制度实施办法（试行）》和《学校团学干部拍照打卡及绩效考核办法》]，参加评奖评优、测评加分、推荐培训等事项时，依据评议结果择优提名，不允许与其岗位简单直接挂钩。

九、落实党委的全面领导

把学生会建设纳入党建工作整体格局中进行统筹谋划，构建学生工作处统筹负责，团委具体指导，组织、宣传、教务、人事、财务、保卫等部门分工合作、协调运行的工作机制。定期听取学生会工作汇报，研究决定重大事项。学生工作处和校团委共同研究学生会的规章制度、工作规划和工作人员遴选等重要事项。党委负责学生工作的副书记分管学生会工作，负责教学工作的副校长参与学生会管理。

十、加强团委的具体指导

学生会接受团委和上级学联的双重指导。团委及时向党委汇报学生会工作重大事项，坚决落实学校党委有关要求。明确1名团委专职副书记指导学生会，重点抓好学生会举办各类活动、发布重要信息、开展对外联系、使用经费物资等事项的审核管理，确保学生会日常工作不出偏差。

其他有关学生会的规定与本意见不一致的，以本意见为准。

附

学生会下设部门及职能职责

一、办公室

办公室是负责文书档案、场所物资管理和会务文秘的综合协调部门，主要工作职能有以下几方面。

（一）文书档案管理：负责各部门工作计划、总结等文书档案的收集、审核和整理工作;负责各部门工作人员通讯录的编辑、发布和更新工作。

（二）办公场所与物资管理:负责各办公场所分配、内务检查及管理工作;负责各部门办公用品的需求收集、申购添置和分配管理工作。

（三）会务文秘服务:负责各类会议的通知、考勤和记录工作;负责各部门干部干事值班安排及考勤工作。

（四）其他工作:参与全校性重大工作和活动,完成校团委、学生会指导老师、学生团委副书记和主席团交办的其他工作。

二、学习部

学习部是负责学风促进和氛围营造的综合管理部门,主要工作职能有以下几方面。

（一）学风促进:负责指导二级学院学生会学习部通过策划、组织开展与专业技能水平增长相关的活动,举办技能水平认证考试、专升本、教师资格证等考试培训会与经验交流会,促进学游相长。

（二）学习氛围营造:负责指导二级学院学生会学习部通过参与组织"挑战杯"等大学生课外学术科技作品竞赛、"创青春"等创新创业大赛、演讲征文等主题教育活动营造良好的学习氛围。

（三）其他工作:参与全校性重大工作和活动,完成校团委、学生会指导老师、学生团委副书记和主席团交办的其他工作。

三、体育部

体育部是负责群众体育活动组织和竞技体育活动组织的综合管理部门,主要工作职能有以下几方面。

（一）群众体育活动组织:负责指导二级学院学生会体育部,协助文法学院体育教研室,策划、组织开展"冬季三走、阳光晨跑""以棋(围棋、象棋)会友"等群众性体育活动。

（二）竞技体育活动组织:负责指导二级学院学生会体育部,协助文法学院体育教研室,策划、组织开展"田径运动会""'迎新杯'篮球赛"等各种体育竞赛活动。

（三）其他工作:参与全校性重大工作和活动,完成校团委、学生会指导老师、学生团委副书记和主席团交办的其他工作。

四、文娱部

文娱部是负责艺术文化活动组织和文艺晚会组织的综合管理部门,主要工作职能有以下几方面。

（一）文化艺术活动组织:负责指导二级学院学生会文娱部参与组织开展"高雅艺术进校园""校园十佳歌手大赛""大学生艺术节(展演)"等文化艺术赏析及艺术表演竞赛活动;策划举办男(女)生节、感恩母亲节等活动,展示我校学生青春风采。

（二）文艺晚会组织:负责指导二级学院学生会文娱部参与组织开展元旦、毕业、迎新三场大型文艺晚会;组织开展晚会待选节目的编导、训练、选送和审核工作;挖掘文艺人才选送到大学生艺术团(学院艺术队)等各表演团体。

(三)其他工作:参与全校性重大工作和活动,完成校团委、学生会指导老师、学生团委副书记和主席团交办的其他工作。

五、劳动部(伙食管理委员会)

劳动部与伙食管理委员会合署办公,是负责校园文明监督和食堂饮食监督的综合管理部门,主要工作职能有以下几方面。

(一)校园文明大扫除:负责指导二级学院学生会劳动部部署、组织和检查全校文明大扫除。

(二)食堂饮食监督:负责指导二级学院学生会劳动部和志愿者围绕养成文明就餐习惯,收集、反馈师生就餐意见,举办倡导厉行节约的"光盘行动""食堂饮食文化节"等活动,公开原料品质,加强互动交流,促进师生对食堂了解。

(三)其他工作:参与全校性重大工作和活动,完成校团委、学生会指导老师、学生团委副书记和主席团交办的其他工作。

六、权益维护部

权益维护部是指导各学院学生会权益维护部负责学生学习、生活及成长成才中遇到的困难和需求收集、协调解决和反馈的综合管理部门,主要工作职能有以下几方面。

(一)学生权益维护:负责指导二级学院学生会权益维护部通过电子邮件、困难需求信箱、阳光服务平台权益诉求登记等途径收集广大同学在学习、生活中遇到的权益诉求,通过校(部门)领导接待日等途径,向学校相关职能部门汇报;待权益诉求得以解答或解决后,通过有效途径进行反馈。

(二)其他工作:参与全校性重大工作和活动,完成校团委、学生会指导老师、学生团委副书记和主席团交办的其他工作。

学生社团建设管理办法

(本办法于 2020 年 11 月经校党委会审议通过)

第一章 总 则

第一条 为深入学习贯彻习近平新时代中国特色社会主义思想,特别是习近平总书记关于高校思想政治工作和青年工作的重要论述,切实加强学校学生社团建设管理,充分发挥学生社团育人功能,支持学校学生社团健康有序发展,根据中共中央教育部党组、共青团中央关于印发《<高校学生社团建设管理办法>的通知》(教党〔2020〕13 号)有关精神和要求,结合我校实际,特制定本办法。

第二条 学生社团是落实立德树人根本任务、推进素质教育的重要载体,是学生根据成长成才需要,结合自身兴趣特长,在学校党委的领导和团委的指导下开展活动的群众性学生团体。学生社团一般分为思想政治类、学术科技类、创新创业类、文化体育类、志愿公益类、自律互助类及其他类等。

第三条 学生社团的基本任务:以习近平新时代中国特色社会主义思想为指导,团结凝聚广大青年学生,坚持思想性、知识性、艺术性、多样性相统一的原则,积极开展方向正确、健康向上、格调高雅、形式多样的社团活动,丰富课余生活,繁荣校园文化,促进青年学生德智体美劳全面发展。

第二章 注册登记

第四条 申请成立学生社团,须具备以下条件:

(一)由 20 名及以上本校在读学生联合发起,所有发起人均须具有正式学籍,未受过校纪校规处分,具有开展该社团活动所必备的基本素质。

(二)有规范的社团名称,名称应与其业务性质相符,准确反映其特征,应符合法律法规要求,不得违背校园文明风尚和社会公共道德。

(三)有明确的业务指导单位,原则上业务指导单位应是与社团业务相关的校内机关职能部门、党团组织或学术科研机构。

(四)有至少 1 名本校在职在岗指导教师。

(五)有规范的社团章程,包括社团类别、宗旨、成员资格、权利和义务、组织管理制度、负责人产生程序、章程修改程序、社团终止及其他应由章程规定的相关事项。

第五条 申请成立学生社团的材料包括社团成立筹备申请书、发起人和拟任负责人基本情况(包括思想表现、学习成绩等)、指导教师确认书、业务指导单位确认书以及社团章程草案等。

第六条 学生社团实行年审制度。年审内容包括社团成员构成、社团负责人工作及学习情况、年度活动清单、社团团支部"三会两制一课"落实情况、指导教师工作情况、业务指导单位意见、所获荣誉及奖励情况、有无违纪违规情况等。对年审合格的学生社团进行注册登记,只有进行注册登记的学生社团方可继续开展活动。对运行情况良好的社团,可在评奖评优、活动经费等方面给予适当的表彰激励。对年审不合格的学生社团提出整改意见,整改期限一般为 3 至 6 个月,整改期间社团不得开展除整改以外的其他活动。

第七条 学生社团有下列情形之一的,不予批准成立或不予注册登记:

(一)申请成立时弄虚作假的。

(二)参加学生社团的人数长期不足 20 人的。

(三)年审不合格且整改无效的。

(四)全体成员大会决议解散的。

(五)在学校已有性质相同或相似学生社团的。

(六)涉及宗教文化的。

(七)涉及民族排他性或地区排他性的。

(八)跨地、跨校联合成立的。

(九)未经学校审核批准的校外机构会员单位或分支机构性质的学生组织。

(十)举办违反法律法规、校纪校规或社团章程宗旨活动的。

(十一)其他不宜批准成立或不宜继续注册登记的。

第八条 企业、社会机构或个人原则上不得在学校建立特定冠名的学生俱乐部、协会等社团。对于与企业、社会机构或个人联系紧密的创新创业类社团,确有冠名需要的,须报学校党委批准。原则上学生社团不应涉及外事事务,确有需要的,须报学校党委批准。

第九条 未经批准成立或已经注销的学生社团不得开展任何活动。已批准成立的学生社团中的成员,未经学生社团集体研究授权,不得以社团名义开展活动。

第十条 党委学生工作处牵头组织各相关部门负责人及学生社团业务相关领域专家成立学生社团建设管理评议委员会,负责对学生社团注册登记及年审进行评议审核。评议委员会负责人由学校党委分管学生工作的同志担任。评议审核结果须提交学校党委核准后方可执行。原则上在把控质量的前提下,促进学生社团精品建设、健康发展。

第十一条 定期开展学生社团排查工作。对于未按规定注册或政治导向错误、开展违法活动的学生社团,依法依规予以取缔。对于校外人员未经学校许可,擅用、盗用学校名称(包括学校已申请注册具有法律效力的简称、别称)建立学生社团(含其运营的新媒体平台)在校内外开展非法活动的,除对其校内非法活动及活动据点予以取缔外,还应运用法律手段依法追究该违法社团及相关负责人的法律责任,维护学校和学生权益。

第三章　指导教师

第十二条　学生社团指导教师的主要职责是:指导学生社团发展建设,把握社团发展正确方向,加强社团成员思想政治教育,规范学生社团日常管理,参加学生社团相关活动,开展学生社团骨干培训,定期对所指导社团工作进行总结,及时发现问题,指导整改社团建设、活动中存在的突出问题,并向党委学生工作处、团委、社团所属业务指导单位报告等。

第十三条　学生社团指导教师应为本校在职在岗人员,主动参加思政工作业务培训,具备较强的思想政治素质、组织管理能力和与社团发展相关的专业知识,工作经验丰富,热心公益事务,具有奉献精神,关爱学生成长。

第十四条　党委学生工作处牵头建立学生社团指导教师选聘机制,会同团委、组织、宣传、人事、教务等部门,注重依托学院师资及培训,按照个人申请、组织推荐、双向选择的模式建立指导教师库,并在教师库内选聘指导教师。其中,思想政治类社团和志愿公益类社团指导教师须为中共党员。鼓励高水平的思政课教师担任思想政治类社团的指导教师。指导教师实行聘任制,每个聘期为1年。原则上每名指导教师最多指导1个学生社团,每个学生社团最多聘请2位指导教师。社团指导教师纳入学校师资培训计划。

第十五条　党委学生工作处牵头对学生社团指导教师开展评价考核与激励。将指导教师纳入学校思想政治工作队伍培训计划,加大培训力度。指导教师工作量参照专任教师担任兼职辅导员标准进行核算认定、享受相应待遇,指导劳务费按照学校《非职务性劳务费和特殊加班费管理办法》规定予以考核发放。指导教师指导学生社团情况纳入教师思想政治工作和师德师风一并考核。对考核优秀的指导教师在绩效工资、职称评聘、评奖评优中给予政策支持,对考核不合格的指导教师依规解除聘任。

第四章　组织建设

第十六条　充分保障学生社团成员权利。所有学生社团成员应当是具有正式学籍的本校在读学生。社团成员有权了解所在社团的章程、组织机构和经费开支情况,有权对社团的管理和活动提出建议和质询,有权按照章程申请加入或退出该社团,有权向上级管理部门反映社团及其成员出现的违反法律法规或校纪校规等问题。社团成员应定期注册,并按要求参加社团相关活动,每名学生最多加入2个学生社团。

第十七条 完善学生社团全体成员大会制度。拟批准成立的学生社团要召开全体成员大会或成员代表大会，通过社团章程，选举产生社团执行机构和负责人。已注册的学生社团要定期召开全体成员大会或成员代表大会，依照社团章程行使职权，包括选举和更换社团负责人，审议社团工作报告，对社团变更、解散等事项作出决定，修改社团章程，监督社团财务及活动开展情况等。

第十八条 加强学生社团政治引领。具有 3 名及以上党员或团员的学生社团应建立临时党支部或团支部，承担政治理论学习、研究社团重要事项等职责。临时党支部（团支部）不发展党员（团员），不收缴党费（团费），不选举党代表（团代表）等。学生社团注销后，临时党支部或团支部自然撤销。

第十九条 健全学生社团骨干遴选机制。每个学生社团设置最多不超过 3 名负责人（学生社团临时党支部或团支部负责人除外），实行轮值主持制度。学生社团负责人须政治立场鲜明、学习成绩优秀、组织能力突出，学习成绩综合排名须在班级前 50% 以内，且无课业不及格情况。学生社团负责人由团委、指导教师在党委学生工作处的指导下，通过提名推荐、公开选举、考察公示、审核批准等环节选拔产生。思想政治类社团和志愿公益类社团的主要负责人应为中共党员。

第二十条 强化学生社团骨干评价激励。制定全面客观、科学有效的学生社团骨干评价考核办法，建立以服务和贡献为导向的荣誉激励机制，引导学生社团骨干全心全意为社团发展服务，为社团成员成长助力，在社团工作的实践中受教育、长才干、作贡献。

第五章　活动管理

第二十一条 鼓励学生社团依据法律法规、校纪校规、社团章程广泛开展社团活动。积极创新载体形式，充分利用新媒体技术，不断增强社团活动的吸引力和感染力。社团活动须经学生社团集体决策、指导教师同意并报业务指导单位批准后方可开展。

第二十二条 学生社团及其成员不得开展与其宗旨不符的活动，不得开展纯商业性活动，不得参与违法违纪活动，不得散布违背宪法、法律法规和党的路线方针政策的错误观点和言论。未经批准，学生社团不得自行与校外任何单位、组织或个人签订任何形式的合约或协议，不得接受经费资助。

第二十三条 学生社团建立网站、新媒体平台及印发刊物等须报党委学生工作处、团委及业务指导部门审核备案。审核机关要建立内容把关机制，确保发布内容积极健康。学生社团开展线上线下宣传、发布活动信息须经指导教师审核同意。

第二十四条 党委学生工作处会同团委等相关部门加强学生社团及其成员开展活动的规范管理和分类指导。发现违反法律法规或校纪校规的活动，坚决及时制止。对违反法律法规或校纪校规的学生社团,视情节严重程度,按程序对相关责任人给予纪律处分。在校期间受到校纪校规处分的、曾因违反有关规定被撤销社团职务的、对社团被宣布解散或注销应当承担主要责任的学生不得再担任社团负责人。

第二十五条　学生社团原则上不接受校外资助,不收取成员会费。确有资助需要的,须报学校党委进行合法合规性审核,并将各项资助经费纳入学校财务统一管理。

第六章　强化领导

第二十六条　学校党委将学生社团工作纳入思想政治工作和群团工作整体格局进行谋划部署,定期听取学生社团工作汇报,及时研究解决有关问题。学校党委分管学生工作的负责同志分管学生社团工作,分管人事、教学工作的负责同志要参与学生社团指导教师选聘考核、社团骨干学习指导等管理工作。

第二十七条　构建学校党委统一领导,党委学生工作处牵头负责,团委、组织、宣传、保卫、人事、教务等相关职能部门共同参与的学生社团工作机制。党委学生工作处承担学生社团建设发展、统筹管理的相关职责,对全校学生社团建设发展进行研究规划,学生社团注册登记及年审、骨干遴选考核等重要工作和重大事项制度化,推进党的领导具体化。

第二十八条　加强党建带团建,把党建、团建与学生会建设、社团建设有机结合起来。学校团委(各学院二级学院团委)加强对学生社团的具体指导,成立社团工作部,配备专兼职工作人员,做好学生社团建设管理评议委员会日常工作和社团建设管理具体事务等,学生社团联合会功能、职能和人员等转入社团工作部。

第二十九条　业务指导单位承担学生社团健康发展的主体责任,担负对所负责学生社团日常活动的监督指导和社团成员的教育管理职责,负责指导教师日常工作情况检查等。

第三十条　学校鼓励学生社团健康有序发展,在经费、场地、设备、条件、制度等方面给予充分保障,按照平均每年每生不低于 20 元的标准设立学生社团活动专项经费,支持学生社团活动正常开展,专款专用。

第三十一条　建立倒查问责机制,对学生社团管理出现重大问题的单位(部门)和个人,按照全面从严治党要求依规依纪进行严肃追责问责。

第七章　附　则

第三十二条　本办法自发布之日起施行,之前发布的相关规定同时废止。

学校"第二课堂成绩单"制度实施办法(试行)
(2023 年 5 月 20 日第二版)

　　为全面贯彻落实《国家中长期教育改革和发展规划纲要(2010—2020 年)》《关于在高校实施共青团"第二课堂成绩单"制度的意见》(中青联发〔2018〕5 号)等文件精神,结合我校实际,为促进学生在德育素质、学习成绩、智育素质、文体素质、社会实践能力等五个方面全面发展,特制定《学校"第二课堂成绩单"制度实施办法(试行)》(以下简称《办法》)。

　　第一条　"第二课堂成绩单"制度是学校共青团、学生会及社团改革的重要组成部分,是进一步深化"三全育人"的必要载体。

　　第二条　"第二课堂成绩单"制度由校团委(学院二级学院团委)素质拓展部牵头,校团委(学院二级学院团委)权益维护部、青年志愿者协会、学生会学习部、体育部、文娱部、劳动部具体组织实施,各班级团支部、班委会成立由团支部书记、班长(团支部副书记)、副班长、组织委员、权益维护委员、学习委员、体育委员、文娱委员和生活卫生委员,以及学生代表 3~5 人组成的"第二课堂成绩单"认定小组具体执行,由团支部书记任组长,班长(团支部副书记)任副组长,负责本班同学"第二课堂成绩单"成绩的认定、公示和上报等工作。

　　第三条　为加强团学结合,避免"两张皮","第二课堂成绩单"制度内容按照《学校学生综合素质测评办法(试行)》德育素质、智育素质、文体素质、社会实践能力四个方面加分项目为基础,二级学院团委、各团支部可根据实际情况进行适当增加。

　　第四条　"第二课堂成绩单"经校团委和党委学生工作处部门联合认定后,可应用作为学生参评三好学生、优秀学生干部、单项先进个人、奖学金、助学金、困难补助、入党和推荐就业、参军入伍、志愿服务西部计划的重要依据。

　　第五条　"第二课堂成绩单"成绩记录使用易班网络管理系统"第二课堂成绩单"模块进行认证管理。

　　第六条　"第二课堂成绩单"制度实施工作中,针对弄虚作假获得成绩的学生,经查实认定,取消其相应项目成绩,并作为结果相关应用一票否决项。

　　第七条　本《办法》自公布之日起开始施行,由团委负责解释。

团委、学生会监督考核办法

一、监督考核目的

为监督检查并提升学校团委、学生会(含下级基层组织)工作人员基本素质,严肃学纪学风,使之更好地发挥先锋模范作用,特制定本办法,监督考核结果结合《学校"第二课堂成绩单"制度实施办法(试行)》《团委、学生会工作人员工作拍照打卡的绩效考核办法(第二版)》,将作为评奖评优、团内推优入党、主要干部任免的重要依据。

二、监督考核部门及人员

团委纪检监察部、监督考核专项工作组及临时抽调人员。

三、监督考核对象

团委、学生会全体工作人员(二级学院团委、学生会、团支部和班委会参照执行)。

四、监督考核的具体内容

(一)学习情况:学习态度是否认真端正;是否有挂科、通告批评、校级处分等不良表现;是否有上课迟到、早退、旷课情况。

(二)寝室卫生:寝室是否干净、整洁,检查是否达标。

(三)工作、活动出勤情况:校团委、学生会下发工作完成进度,学校举行的各大活动、部门例会、联席会议的出勤情况和会议记录。

(四)工作作风:个人品德是否优良,人际关系是否处理恰当,工作是否积极。

五、监督考核细则

(一)参与青马在线网络学习、青年大学习应按要求完成相应学习任务,因学习态度消极未完成学习任务、未结业的,取消本学年各项评奖、评优及团内推优入党资格。

(二)受到学校通报处分一次即刻免职,有学校通告批评取消本学期各项评奖、评优及推优入党资格。

(三)每学期补考成绩公布后,仍有一门及以上科目(含选修)不及格者,进行劝退。

(四)会议或重大活动连续三次无故缺勤者,罢免其工作职位。其中会议包括但不限于工作全体大会、培训大会、部门例会、团支部委员会、班委会及其他临时性会议。

（五）有长期逃课、旷课记录者，出现三次以上取消本学期各项评奖、评优及团内推优入党资格。

（六）不得有酗酒、打架斗殴、赌博、吸毒等违法行为；不得参与非法传销，不得参与邪教、封建迷信活动；不得从事或者参与有损大学生形象、有悖社会公序良俗的活动。一经查处，给予免职，进行劝退。

（七）自觉遵守公寓内务的各项卫生要求，整理好个人内务，保持室内整洁，并能较好地料理个人生活，对多次内务不及格者取消各项评奖、评优及团内推优入党资格。

（八）工作作风不正且对集体带来负面影响者，视情况取消其学期评奖、评优及团内推优入党资格。

六、监督投诉

如果对监督考核过程产生异议或对处分结果不满，可向学生会副书记、主席团成员及指导老师反映。

团委、学生会工作人员工作拍照打卡的绩效考核办法

（2021 年 6 月 13 日修订第二版）

　　为规范学校团委、学生会（以下简称"校团学"）工作，积极宣传展示个人、部门及组织工作风采和成效，提高工作效率，加强过程监督，保证考核公平，科学运用结果，坚持以问题为导向，在第六届第三任校团学主席团制定的《校团学学生干部工作拍照打卡的绩效考核办法》（2019 年 9 月 10 日第一版）（以下简称《绩效考核办法》）基础上，通过梳理和总结分析过去一段工作实际，并广泛听取意见建议，修订改版如下。

一、绩效考核办法适用范围

　　校团学全体工作人员（含实习期干事）。各二级学院团委、学生会，各班级团支部、班委会可根据实际需要参照执行。

二、绩效考核所涉及工作范围

　　（1）本部门职能及本岗位职责规定范围内的各项工作（以下简称"本职工作"）。

　　（2）协助其他部门完成的非本职工作。

　　（3）参与临时项目制团队（跨组织、部门临时组建的团队）完成的工作。

　　（4）校团学大型集体专项工作。

　　（5）参加思想政治理论学习（包括但不限于入党积极分子培训班、业余团校培训班、青马在线学习、青年大学习及省市区大学生骨干培训班等）。

　　注:除本职工作外，其他工作均视为参与志愿服务活动所做工作予以登记。

三、工作拍照打卡具体操作办法及要求

　　步骤一:参与上述工作时，到点进行自拍打卡，照片上传至宣传展示新媒体平台（包括但不限于 QQ 空间、微信朋友圈或所在部门 QQ 群相册）。

　　步骤二:完成上述工作后进行集体拍照打卡，照片上传至宣传展示新媒体平台（包括但不限于 QQ 空间、微信朋友圈或所在部门 QQ 群相册）。

　　（1）上述两步骤均须进行，缺少其中任何一项，须于当天向工作负责人进行说明。

　　（2）拍照打卡并宣传展示时，要求同时具备以下要素:本人出镜清晰可见（如是本人拍照，可将自己名字写在照片上）、一句话描述工作内容、工作时间、佩戴工作牌

(实习干事佩戴临时工作牌)、衣着及个人形象得体、工作环境突出、集体打卡工作成效明显。

注：①参加思想政治理论学习时，在每节课前后进行拍照打卡，如果是在线学习课程，则按照培训的要求对每门课程完成情况及所有课程完成情况进行截图打卡（在线课程截图须有本人学习账号，严禁盗用他人学习截图，违者必究）。如参加青年大学习每月学习次数少于3次，则不参加评奖评优。

②如果是多人自拍或集体拍照，可以进行转发。

③可以使用美颜效果，鼓励不断学习、分享拍摄技巧，提升拍摄水平。

④绩效考核申报通知发出后，所有的打卡（包括补打卡）都不计入本次绩效考核。（例如：2021年4月30日12：00发出绩效考核申报通知，12：00之后的所有拍照打卡都计入下阶段绩效考核中）

四、绩效考核采用积分制

（1）参与工作并准时拍照打卡，上传至宣传展示新媒体平台（QQ空间、微信朋友圈计1.5分，部门或组织QQ群相册计1.2分）。

（2）参与工作但未准时拍照打卡并上传进行宣传展示，计1分。

（3）参与工作时拍照保存但未进行上传宣传展示，计0.6分。

注：累积计分精确到小数点后一位，不进行四舍五入。

五、绩效考核结果

（一）个人考核

（1）非部门负责人：每月考核总分计100分，个人累积计分占总分的70%，部门负责人评价打分占总分的20%，主席团成员评价打分占总分的10%。

（2）部门负责人：个人累积计分占总分的70%，部门成员评价打分占总分的20%，主席团成员评价打分占总分的10%。

（3）主席团成员：个人累积计分占总分的70%，部门负责人评价打分占总分的10%，主席团成员相互评价打分占总分的10%，校团学指导老师评价打分占总分的10%。

（二）部门考核

考核总分计100分，部门成员（含所分管主席团成员、部门负责人及本部门成员）累积计分占总分的80%，主席团成员评价打分占总分的10%，校团学指导老师评价打分占总分的10%。

注：①在绩效考核截止之后才发申报表的，每推迟一天总绩效考核成绩扣10%，不足一天按一天计算。依此类推，扣完为止。

②思想政治学习分数不进行70%的折算。

六、工作拍照打卡办法及绩效考核结果的运用

（一）工作拍照打卡过程性资料的运用

替换原有工作考勤办法，打卡考勤结果运用于《团委、学生会监督考核办法》

（包括警告、严重警告、劝退及开除机制）。

（二）绩效考核结果的运用

（1）作为每月工作个人及部门之星，临时工作项目制团队及成员之星，新学期、学年末优秀工作人员评选唯一评价标准；每年五四评优、奖勤助贷推荐到班团两委（团支部委员会和班委会）、二级学院团委参与评选。

（2）作为向组织以外单位推荐优秀个人、集体，参与校外培训及学习交流的重要参考。

（3）作为换届、换任竞选执行标准之一（其中，学年绩效考核结果占换届、换任竞选总分的60%，笔试及结构化面试成绩占总分的40%）。

注：①上述组织内部考核评优（学校五四评优、奖勤助贷除外）不设名额上限，不分配指标到部门，全体工作人员（实习干事）均可根据考核计分情况自行申报，办法咨询及监督执行机构根据整体情况进行综合评定。

②有以下任一或多项情形者，只进行计分，不进行考核：违反法律及校纪校规，受到处分且记录未消除；违反组织及部门规章制度（含行为准则），经批评屡教不改；换届、换任竞选时，不符合相应岗位报名条件。

七、办法咨询及监督执行机构

校团学学生副书记、主席团成员，以及组织部、纪检监察部、办公室、学习部、权益维护部及其他临时抽调部门及人员。

本办法从颁布之日起实施，过去相关规定、制度与本办法有冲突的，遵照本办法执行。

心育篇

湖南网络工程职业学院
大学生心理健康教育咨询中心工作职责

湖南网络工程职业学院心理健康教育咨询中心(以下简称中心)是为全校学生提供心理服务的专业的心理健康教育机构。中心创立于 2005 年,现位于终身教育大楼 20 楼,总面积约 210m²,包含预约等候、个体咨询、音乐放松、心理宣泄、团体辅导、心理测评等功能区。中心布局合理,功能齐全,设施完善,能够满足学生心理咨询和辅导需求。

一、心理咨询工作

(一)加强个体心理咨询

中心拥有 1 个湖南省合格心理咨询室,主要是进行一对一的个体心理咨询,为来访者提供安全、柔和、温馨的环境,提升咨询效率。心理咨询预约电话方便同学们在全时段内得到心理帮助。

(二)加大团体心理辅导

团体心理辅导能够帮助同学们走出心理困境,是心理咨询的主要方式之一。中心建设了团体辅导室,通过不同的团体心理辅导活动(如人际关系团体辅导、特困生团体辅导、学习团体辅导、自我意识团体辅导、适应心理团体辅导等)帮助同学们疏导情绪,调适心理。

二、心理健康课程教学

中心负责全校的公共必修课——《心理健康教育与指导》课程,2 学分。由中心制定课程标准和授课计划,聘请拥有心理咨询师证的优秀教师对大一新生授课,并负责课程的教改教研、网络平台资源建设等相关工作。

三、心理健康教育活动

中心负责全校心理健康活动的开展,包括"5.25 心理健康教育活动日""新生心理健康周""10.10 精神卫生日"、危机干预与预防、心理健康知识培训和讲座、学生心理班会、心理健康知识普及等主题活动,充分利用展板、海报、宣传手册、网站、学校广播站等多种形式进行心理健康知识的宣传。

四、心理普测和建档

新生正式融入大学生活一个月后,中心组织开展心理普测。普测推荐使用 SCL - 90

和 EPQ 量表,测量结果以电子文本和纸质文本两种方式保存建档。根据测试结果,按一定比例随机筛选一部分学生进行个体访谈,以深入了解学生的心理情况,建立心理档案。

五、心理健康教育队伍建设

(一)加强心理健康教师队伍建设

中心的教师队伍主要包括专职心理咨询师、兼职心理咨询师(包括医务室人员和关工委兼职老领导)、心理健康课程专兼职老师、二级学院心理辅导员、辅导员、班主任等。中心根据需要不定期对教师队伍进行心理健康知识和基本心理咨询方法的培训,一是传授与大学生心理健康相关的心理学知识;二是能对学生的心理问题进行正确的分析和适当的疏导;三是了解心理咨询室的相关规定以及心理危机预警和干预程序,确保和谐校园的构建。

(二)强化心理健康学生队伍建设

中心的学生队伍主要包括班级心理委员、寝室心理信息员、朋辈心理互助员、心理咨询室助理等。中心有计划、有步骤地建设和培训朋辈心理互助队伍,打造一个系统的学生心理互助队伍,做到全方位、全时段关注学生的心理健康发展。

六、加强对大学生心理健康协会的管理和指导

中心建立和完善了心理健康协会章程和制度,保障协会有条不紊、有规可循、有章可依地开展各项活动,确保协会的组织化、纪律化、规范化。每年定期在学生中招募一批有能力、有兴趣的心理协会会员,进一步完善协会干部队伍建设,做好协会干部的选举,确保协会活动的参与度。中心指导协会开展心理健康教育活动,通过学校心理健康活动平台,指导协会充分利用学校机遇开展各项活动,做好基本的心理互助、心理知识培训、心理兴趣小组、心理宣传、心理信息收集、户外拓展活动、心理优秀评比、迎新换届晚会等。

湖南网络工程职业学院
大学生心理健康教育系统模式

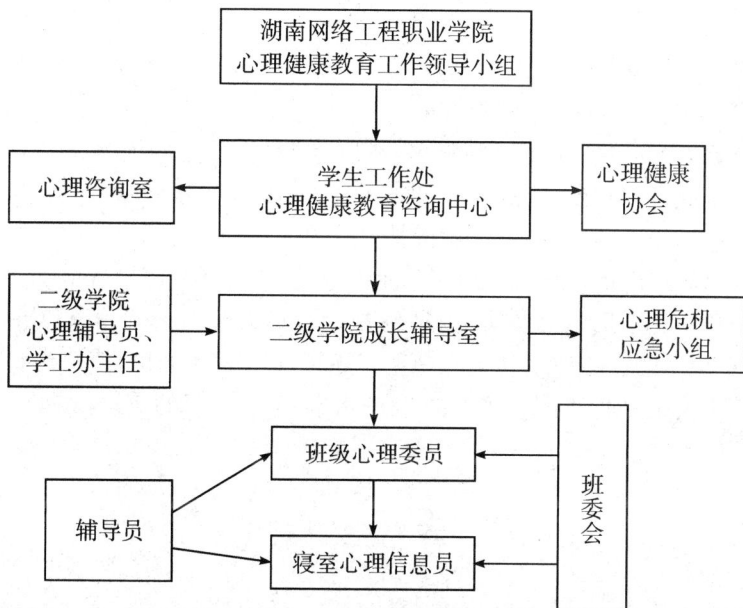

```
              ┌─────────────────────┐
              │  湖南网络工程职业学院   │
              │ 心理健康教育工作领导小组 │
              └──────────┬──────────┘
                         │
                         ▼
┌─────────┐    ┌─────────────────────┐    ┌─────────┐
│ 心理咨询室 │◄──┤     学生工作处        ├──►│ 心理健康 │
└─────────┘    │ 心理健康教育咨询中心    │    │  协会   │
               └──────────┬──────────┘    └─────────┘
                         │
┌─────────┐    ┌─────────────────────┐    ┌─────────┐
│ 二级学院   │    │                     │    │ 心理危机 │
│心理辅导员、├──►│   二级学院成长辅导室    ├──►│ 应急小组 │
│ 学工办主任 │    └──────────┬──────────┘    └─────────┘
└─────────┘               │
                          ▼
               ┌─────────────────────┐    ┌─────┐
               │    班级心理委员       │◄──┤ 班  │
               └─────────────────────┘    │ 委  │
┌─────────┐  ╱          │                 │ 会  │
│  辅导员   ├─           ▼                 └─────┘
└─────────┘  ╲ ┌─────────────────────┐
               │    寝室心理信息员      │◄──
               └─────────────────────┘
```

内容说明:

①学生工作处心理健康教育咨询中心负责二级学院心理辅导员、专职辅导员和兼职班主任的心理健康知识培训,定期与不定期地组织二级学院心理健康工作队伍进行案例研讨。对班级心理委员和寝室心理信息员进行培训,指导心理健康协会开展工作。

②二级学院心理辅导员要相对稳定并上报学生工作处备案。二级学院心理辅导员与班级心理委员、寝室心理信息员按相关责任要求开展工作,并定期由二级学院和学生工作处组织检查。

③如遇极端心理问题,必须按照心理危机预警和干预程序上报,由学校心理健康教育工作领导小组同意,并由学生工作处、二级学院党委和心理健康教育咨询中心一起评估处理,学生工作处全程指导、督促落实心理危机干预工作。

④在学校建立的心理危机预警和干预机制制度,各二级学院也应建立相应的心理危机应急小组,以便能够及时收集并应对学生心理突发问题,其成员要求相对稳定,并具备一定的职业资质与专业水准。

⑤所有工作在学校心理健康教育工作领导小组的领导和指导下进行,重要问题必须由学校党委集体协调解决。具体工作协调由学生工作处负责。

湖南网络工程职业学院
大学生心理预警与危机干预实施办法

第一章 总 则

第一条 为贯彻落实中共中央国务院《关于进一步加强和改进学生思想政治教育的意见》(中发〔2004〕16号)、教育部《关于加强普通高等学校大学生心理健康教育工作的意见》和《普通高等学校大学生心理健康教育工作实施纲要(试行)》文件精神,提升我校心理预警与危机干预工作水平,促进学生健康成长,结合我校实际,制定本办法。

第二条 心理危机干预是一种心理治疗方式,指对处于困境或遭受挫折的人予以心理关怀和短程帮助的一种方式,能够帮助危机个体正确理解和认识自己的危机,采取紧急应对的方法帮助其从心理上解除迫在眉睫的危机,使其症状得到立刻缓解和持久消失,心理功能恢复到危机前的水平,并获得新的应对技能,以预防将来新危机的产生。

第二章 组织机构

第三条 学校成立"大学生心理预警与危机干预领导小组",由学校党委书记担任组长,分管学生工作副校长担任副组长,成员为学生工作处、保卫部、后勤与基建处(医务室)、各二级学院、心理健康教育咨询中心等相关部门负责人。领导小组办公室设学生工作处心理健康教育咨询中心,由学生工作处主管心理健康教育领导任主任,成员由大学生心理健康教育咨询中心教师、二级学院学工办主任、心理辅导员、辅导员、班主任组成。

第四条 工作职责划分如下。

领导小组:全面规划和领导我校学生心理预警与危机干预工作,督促有关部门或单位认真履行心理预警与危机干预工作的职责,为重大事件的处理做出决策。

领导小组办公室职责:建立健全学生心理预警与危机干预机制,多渠道普及心理健康知识,开展心理健康普查与心理咨询工作,组织从事心理健康教育与咨询工作人员参加心理预警与危机干预技巧和方法学习、培训,聘请专家开展讲座,为学生心理危机干预做好预防教育、早期预警、危机干预、后期跟踪、制度建设等基础性工作。

第五条 二级学院的学生心理预警与危机干预工作由二级学院党委负责,全体教职员工均有责任和义务。学工办主任、心理辅导员、辅导员、班主任、班级心理委员、寝室心理信息员应积极协助,共同做好本学院学生心理预警与危机干预工作。

第六条 学校应积极组建、大力扶持大学生心理健康教育社团组织,充分发挥朋辈心理互助队伍在学生心理危机咨询中自我教育、自我管理、自我服务的作用。

第三章 心理预警与危机干预对象

第七条 心理预警与危机干预对象是心理健康教育工作与心理测评中发现及筛查出来的有心理障碍、心理疾病或自杀倾向的学生。这些对象近期有发生重大影响的生活事件,情绪剧烈波动,认知、躯体或行为方面有较大改变,且用平常解决问题的方法暂时不能应对或无法应对眼前的危机。

第八条 对于存在以下因素之一的学生,应作为心理危机高危个体予以关注。

(一)遭遇突发事件而出现心理或行为异常的学生,如家庭发生重大变故、遭遇性危机、受到自然或社会意外刺激的学生。

(二)患有严重精神(心理)疾病,入校后经医院确诊患有精神(心理)疾病,且需要服药治疗;有精神(心理)疾病史,同时近期伴有强烈情绪或行为异常的学生。

(三)既往有个人自杀未遂史或家族精神(心理)病史、自杀史的学生。

(四)身体患有严重疾病、个人很痛苦、治疗周期长的学生。

(五)学习压力过大、学习困难而出现心理异常的学生。

(六)个人感情受挫后出现心理或行为异常的学生。

(七)人际关系失调后出现心理或行为异常的学生。

(八)性格过于内向、孤僻、缺乏社会支持等有突出缺陷的学生。

(九)严重环境适应不良导致心理或行为异常的学生。

(十)家境贫困、经济负担重、深感自卑的学生。

(十一)由于身边的同学出现个体危机状况而受到影响,产生恐慌、担心、焦虑等情绪困扰的学生。

(十二)其他有情绪困扰、行为异常的学生。

尤其要关注上述多种特征并存的学生,其危险程度更大,应成为重点干预的对象。

第九条 对近期发出以下警示讯号的学生,应作为心理危机对象及时进行评估与干预。

(一)谈论过自杀并考虑过自杀方法,包括在信件、日记、图画或网络社交平台的只言片语中流露死亡念头者。

(二)不明原因突然给同学、朋友或家人送礼物、请客、赔礼道歉、述说告别的话等行为明显改变者。

（三）情绪突然明显异常者,如特别烦躁,高度焦虑、恐惧,容易冲动;情绪异常低落;情绪突然从低落变为平静;饮食、睡眠受到严重影响等。

第四章　预防教育

第十条　做好学生心理预警与危机干预工作应立足教育,重在预防。

（一）心理健康教育咨询中心应对学生进行思想教育,引领学生树立正确的世界观、人生观、价值观。

（二）应对学生进行生命教育,引导学生热爱生命,善待人生。

（三）应对学生进行自我意识教育,引导学生正确认识自我,愉快接纳自我,积极发展自我,树立自信,消除自卑。

（四）应对学生进行危机应对教育,让学生了解什么是危机,人在什么情况下会出现危机,学生的哪些言行是自杀的前兆,对出现自杀预兆的学生如何进行帮助和干预。

第十一条　二级学院应大力普及心理健康知识,引导学生树立现代健康观念,针对学生广泛存在的环境适应、情绪管理、人际交往、恋爱与性、学习方法等问题开展成长辅导教育;通过学生心理健康社团组织形式多样的心理健康教育活动,形成良好的心理健康氛围;通过主办主题鲜明的特色班会,帮助学生优化个性、心理品质,增强心理调适能力,提高心理健康水平。

第五章　早期预警

第十二条　做好学生心理危机早期预警工作,应做到对学生的心理状况变化早发现、早报告、早研判、早预防、早控制,信息通畅,快速反应,力争将学生心理危机的发生消除在萌芽状态。

第十三条　建立学生心理健康普查制度。心理健康教育咨询中心每年对全校新生进行心理健康普查,建立学生心理健康档案,并根据普查结果筛选出心理危机高危个体,与各二级学院一同做好学生心理危机的预防与转化工作。

第十四条　建立心理健康状况汇报制度。为掌握全校学生心理健康的动态发展,随时掌握高危个体的心理状况,学校建立学生心理问题报告制度。

（一）班级心理委员要随时掌握全班同学的心理状况,对班上同学的心理状况至少一周向班主任或辅导员汇报一次,发现同学有明显的心理异常情况要及时向所在二级学院心理辅导员汇报,填写《班级学生心理健康状况周报表》并上交学院。

（二）辅导员要深入学生之中,并通过班级心理委员、学生心理健康社团成员、学生党员、学生干部、寝室心理信息员等学生骨干及时了解学生的心理健康状况。二级学院主管学生工作的负责人应每周至少一次专门向辅导员了解本学院学生心理健康变化情况。二级学院应每月填写一次《学院学生心理健康状况月报表》,并交心理健康教育咨询中心。

(三)如发现有学生出现心理问题迅速恶化或新发现有严重心理问题的学生,二级学院应将该生的情况迅速以电话的形式上报,并在 24 小时内以书面形式向心理健康教育咨询中心和大学生心理危机干预领导小组报告。

(四)对学生中存在的严重的心理危机、发生的心理危机事故及其处理情况,心理健康教育咨询中心应及时向学校大学生心理危机干预领导小组汇报。

第十五条 建立医务人员学生心理危机报告制度。学校医务室应将有心理危机前来求医的学生的相关信息记载清楚,并及时以书面形式报告给心理健康教育咨询中心。

第十六条 建立师生员工心理危机报告制度。全体教职员工、学生党员、校团委学生会干部、班委会团支部干部、心理健康社团成员、班级心理委员、寝室心理信息员,一旦发现学生存在心理危机,应及时将相关信息报告给二级学院和大学生心理危机干预领导小组。

第十七条 建立一级心理危机预警学生管理制度。心理健康教育咨询中心建立一级心理危机预警库,将全校有心理危机倾向及需要进行危机干预的学生信息录入其中,二级学院负责落实心理危机干预"五个一",对预警学生实行动态管理。

第十八条 建立大学生心理健康信息反馈制度。心理健康教育咨询中心及时将全校学生的心理健康状况、一级心理危机预警学生情况、学生心理普查结果等相关信息反馈给学校大学生心理危机干预领导小组。

第六章　危机干预

第十九条 对一级心理危机预警学生,学校根据其心理危机程度实施心理危机干预。

第二十条 建立支持体系。二级学院应通过开展丰富多彩的文体活动充实学生的课余生活,培养学生积极向上、乐观进取的心态,在学生中形成团结友爱、互帮互助的良好人际氛围。全体教师尤其是辅导员、班主任应经常关心学生的学习、生活,帮助学生解决学习、生活上的困难,与学生交心谈心,做学生的知心朋友。学生党员、学生骨干对有心理困难的学生应提供及时周到的帮助,真心诚意地帮助他们渡过难关。二级学院应动员有心理困扰的学生家长、朋友对学生多一些关爱与支持,必要时应要求学生亲人来校陪伴学生。

第二十一条 建立治疗体系。对有心理危机的学生应进行及时的治疗。对表现较轻、危机程度不高者,可以在校接受心理咨询或到医院临床心理科等专业机构接受心理治疗为主,辅以药物治疗。对表现较严重者必须在专业机构接受药物治疗,在此基础上可在相应机构辅以心理治疗。对表现严重、危机程度很高者,必须立即将其送往设有专业精神医疗科室的三甲医院或专业精神病医院治疗。

第二十二条 建立阻控体系。对于学校可以调控的、引发学生心理危机的人、事或情景等刺激物,应协调有关部门及时阻断,消除对危机个体的持续不良刺激。对于危机个体遭遇刺激后引起紧张性反应可能攻击的对象,应采取保护或回避措施。二级学院党政领导干部、保卫部人员、医务室医生等在接待有严重心理危机的学生时,如学生危机尚未解除,应不让其离开,并立即报告学生工作处。

第二十三条 建立监护体系。对有心理危机的学生在校期间要进行监护。

(一)对心理危机较轻、能在学校正常学习的学生,二级学院应成立以学生干部为负责人及同寝室同学为主的不少于三人的学生监护小组,以及时了解该生的心理与行为状况,对该生进行安全监护。监护小组应及时向二级学院汇报该生的情况。

(二)对于危机程度较高但能在校坚持学习并接受治疗的学生,二级学院应将其家长请来学校,向家长说明情况,家长如愿意接其回家治疗则让学生办理休学,如家长不愿意接其回家则在与家长签订书面协议后由家长陪伴监护。

(三)经专家组评估与确认有严重心理危机者,二级学院应通知学生家长立即来校,并对学生做休学处理,让家长将学生接回家或送医院治疗。在二级学院与学生家长做安全责任移交之前,二级学院应对该生实施24小时特别监护。对心理危机特别严重者,二级学院应立即将其送往学校保卫部,派人协助保卫人员进行24小时特别监护,或在有监护的情况下送医院治疗。对于出现危机事故的学生在医院接受救治期间,二级学院亦应指派学生协助保卫人员根据医院要求在病房进行24小时特别监护。

第二十四条 建立救助体系。心理健康教育咨询中心设立"心悦热线"电话,便于对发出危机求救的学生进行紧急心理援助。对于突发学生自伤、自毁事故,该生所在二级学院的党政领导干部应在闻讯后立即赶赴现场,并立即报告给学生工作处、保卫部、心理健康教育咨询中心、医务室等。上述各部门在接到通知后应派人立即赶到现场进行紧急援救。特殊情况下,二级学院可以先将学生送医院治疗,然后向有关部门汇报。现场紧急救助部门的职责如下。

(一)学生工作处负责现场的指挥协调。

(二)保卫部负责保护现场,配合二级学院对当事人实施生命救护,协助有关部门对事故进行调查取证,配合学校及医疗部门对学生进行医疗救护过程中的安全监护。

(三)医务室负责对当事人实施紧急救治,或配合相关人员护送其转入医院治疗。

(四)医院对被送来救治的心理危机事故学生,不能因一时治疗经费未到而拒绝救治,贻误救治时机,危急时刻只要学生所在二级学院或学生工作处出具相关证明即可。

（五）心理健康教育咨询中心负责制定心理救助方案。

第七章　后期跟踪

第二十五条　因心理危机而休学的学生申请复学时,除按学校学生学籍管理办法办理以外,还应向所在二级学院出具学校指定专业医院开具的心理疾病康复证明,设有专业精神医疗科室的三甲医院连续 6 个月及以上的复诊病历记录、治疗和缴费凭证。

第二十六条　学生复学以后,二级学院应对其学习、生活进行妥善安排,帮助其建立良好的支持系统,引导其他同学避免与其发生激烈冲突。应安排寝室心理信息员对其密切关注,了解其心理变化情况。二级学院安排心理辅导员每月至少与其谈心一次,辅导员每周至少与其谈心一次,并通过周围其他同学随时了解其心理状况,填写《学院学生心理健康状况月报表》向心理健康教育咨询中心报告该生的心理状况。

第二十七条　心理健康教育咨询中心要根据二级学院提供的情况,对复学学生的心理健康情况进行初步评估,并将结果及时反馈给学生所在二级学院。

第二十八条　对于因有强烈的自杀意念或自杀未遂休学而复学的学生,二级学院还应对该生给予特别关心,安排心理委员、学生骨干、寝室心理信息员、室友对其密切监护,制定危机预案,随时防止该生心理状况的恶化。心理健康教育咨询中心应对该生保持密切关注。

第二十九条　二级学院在开展心理预警、危机干预、危机事故处理过程中,应做好资料的收集与证据保留工作,包括与相关方面沟通的重要的电话录音、谈话录音、工作记录、书信、照片等。

第八章　工作制度

第三十条　做好学生心理危机干预工作是一个系统工程,是一项长期任务。为切实做好这项工作,应建立以下几项制度。

（一）培训制度。心理健康教育咨询中心应对专兼职心理咨询老师、学生工作队伍、班级心理委员、寝室信息员、宿管员等实行定期培训。

（二）备案制度。学生自杀事故发生后(含已遂和未遂),学生所在二级学院在事故处理后应将该生的详细材料(包括遗书、日记、信件复印件)提供给心理健康教育咨询中心备案,并填写相应表格。学生因心理问题需退学、休学、转学、复学的,二级学院还应将其详细材料报心理健康教育咨询中心备案。

（三）鉴定制度。学生因心理问题需退学、休学、转学、复学的,其病情应经心理健康教育咨询中心组织专家进行评估,并到学校指定的设有专业精神医疗科室的三甲医院进行鉴定。

(四)保密制度。参与危机干预工作的人员应对工作中所涉及干预对象的各种信息严格保密。

第九章　责任追究

第三十一条　存在下列情况的,要追究单位或个人责任:

(一)心理预警与危机干预事件处理过程中需要某些单位协助而单位负责人不服从协调部门指挥的。

(二)参与危机干预事故处理的单位,在接到学生心理危机事故报案后,拖延时间未及时赶到现场,或在现场不配合、不服从统一指挥而延误时机的。

(三)二级学院对学生心理预警与危机工作干预不闻不问,或知情不报,或不及时上报,或执行学校心理预警与危机干预方案不力的。

(四)相关医院在学校相关部门出具证明情况下因经费问题拒绝对学生实施紧急救治的。

第十章　附　　则

第三十二条　本办法由学生工作处负责解释。

第三十三条　本办法自发布之日起开始实施。

湖南网络工程职业学院班级心理委员工作职责

（一）班级心理委员，是由各班具有良好心理素质的在校大学生组成的心理自助与互助的骨干，由各二级学院直接管理，并在学校心理健康教育咨询中心业务指导下开展工作。

（二）班级心理委员由班级选举产生，是学生干部的一种类别，属班委成员。要求品行端正、责任心强、有奉献精神，同时要求具备一定的心理健康知识，热爱心理健康教育工作，自身心理健康，对人对事认知清晰，情绪乐观稳定，自我调节和自我控制能力较强。此外，必须拥有较强的人际沟通能力，在班级中有良好的人缘关系，能够获得同学们的充分信任。

（三）班级心理委员的主要任务：努力学习心理学知识，不断提高相关知识水平和自身心理素质；在二级学院和心理健康教育咨询中心的指导下，宣传普及心理健康知识，帮助同学们树立科学的心理健康观，重视身心的健康发展；组织开展丰富多彩的、有益于同学们身心健康的活动，在班级营造良好的心理健康氛围；经常与各寝室的心理信息员保持密切联系，全面细致地关注本班同学的心理动态，及时发现班级同学中出现的心理偏差，尽其所能在心理上给予帮助；获取班级相关的心理健康状况信息，及时与二级学院辅导员、心理辅导员和心理健康教育咨询中心进行沟通汇报，并在其指导下有计划有组织地进行各项心理健康问题个体的预防和干预活动。

（四）积极配合心理健康教育咨询中心、二级学院心理辅导员、辅导员、心理协会开展心理健康教育的其余各项工作。

（寝室心理信息员的工作职责参照实行，建议寝室心理信息员由寝室长担任。）

湖南网络工程职业学院
大学生个体心理支持和心理救助系统模式

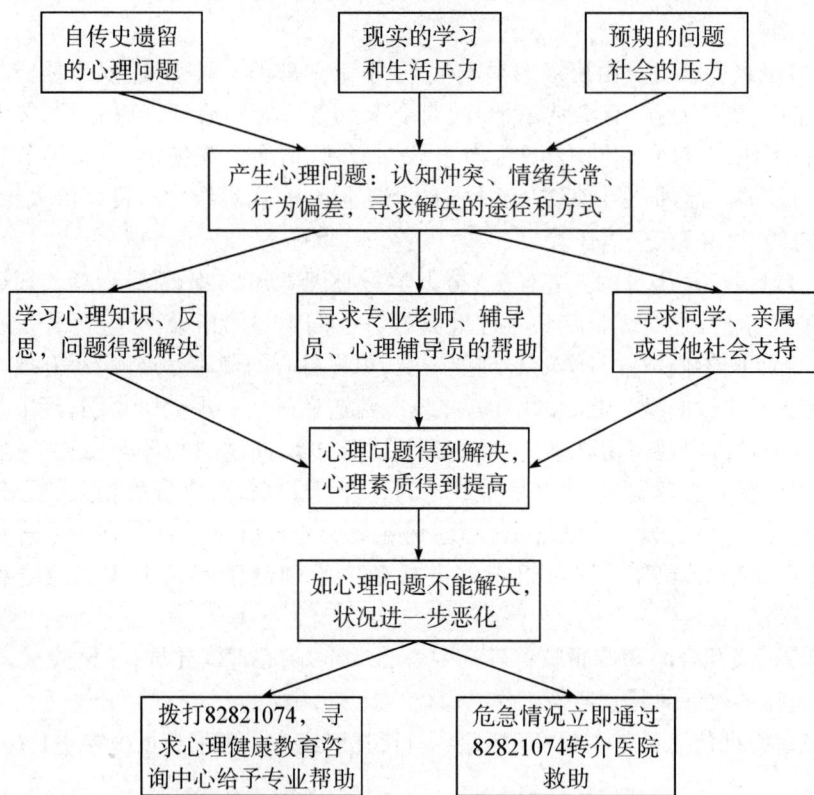

```
┌──────────┐      ┌──────────┐      ┌──────────┐
│自传史遗留 │      │现实的学习 │      │预期的问题 │
│的心理问题 │      │和生活压力 │      │社会的压力 │
└────┬─────┘      └────┬─────┘      └────┬─────┘
     └──────────────────┼──────────────────┘
              ┌──────────────────────────┐
              │产生心理问题：认知冲突、情绪失常、│
              │ 行为偏差，寻求解决的途径和方式 │
              └──────────────┬───────────┘
     ┌───────────────────────┼───────────────────────┐
┌──────────┐      ┌──────────────┐      ┌──────────┐
│学习心理知识、反│    │寻求专业老师、辅导│      │寻求同学、亲属│
│思，问题得到解决│    │员、心理辅导员的帮助│    │或其他社会支持│
└────┬─────┘      └──────┬───────┘      └────┬─────┘
     └───────────────────┼───────────────────┘
              ┌──────────────────┐
              │心理问题得到解决，   │
              │心理素质得到提高    │
              └─────────┬────────┘
              ┌──────────────────┐
              │如心理问题不能解决，  │
              │状况进一步恶化      │
              └─────────┬────────┘
     ┌───────────────────┴───────────────────┐
┌──────────────┐              ┌──────────────┐
│拨打82821074，寻│              │危急情况立即通过│
│求心理健康教育咨│              │82821074转介医院│
│询中心给予专业帮助│            │救助           │
└──────────────┘              └──────────────┘
```

内容说明：

①"自传史遗留的心理问题"指在此之前的个人发展过程中未解决的心理问题，一般是较典型的心理问题，而不是一般性的认识问题。

②大学生要正确对待心理问题，减轻心理负担。比较典型的心理问题是常见的相关心理障碍和心理疾病。明显影响到学习和生活的问题属于需要求助的范畴。正常的心理问题如认知冲突和心理压力可以通过一般求助途径得到解决。

③学习心理健康发展方面知识的途径有以下几种：《心理健康教育与指导》必修课、系列专题讲座、各种相关活动、互联网知识传播、自学等，通过自我反思与自我调控逐渐使心理问题得到解决。

④各二级学院通过成长辅导室解决一般性的心理问题，成长辅导室的工作原则是充分尊重

学生、平等交流、为学生保密,通过疏导协助学生解决心理问题。在沟通过程中,学生是主体。

⑤电话 82821074 是我校心理健康教育咨询中心预约咨询专线,主要为需要咨询的同学进行预约,在约定的时间段内进行个别咨询。拨打该电话的时间段为 8:30～12:00,14:30～17:30。

⑥心理健康问题的解决关键在于提前预防,在问题出现的早期进行心理健康辅导,而不是等出现了严重的心理问题甚至心理危机时才寻求心理咨询或心理救助。尽早学习心理健康发展的相关知识,通过各种正常途径解决心理问题,尽快提高自身的心理素质,对可能发生的心理问题或危机做到防微杜渐,这才是解决问题的根本所在。

奖助篇

湖南网络工程职业学院学生奖学金评审办法

第一章 总 则

第一条 为激励学生勤奋学习、努力进取,帮助其健康成长成才,根据《学生资助资金管理办法》(财教〔2021〕310 号)和湖南省相关文件精神,结合我校实际,制定本办法。

第二条 本办法适用于学校在籍的全日制在校学生。

第三条 奖学金的评定按照公正、公平、公开的原则,坚持标准,把握质量,综合考核,择优评定。

第二章 奖学金的设置与参评条件

第四条 奖学金主要分为国家奖学金、国家励志奖学金、学校奖学金。

(一)国家奖学金:每生每年 8000 元,根据湖南省教育厅下达的指标评定。

(二)国家励志奖学金:每生每年 5000 元,按湖南省教育厅下达的指标评定。

(三)学校奖学金:

(1)校长奖学金:每生每年 6000 元,每学年 10 个指标;

(2)延年奖学金:每生每年 4000 元,指标待定;

(3)甲等奖学金:每生每年 4000 元,按学生人数的 2% 评定;

(4)乙等奖学金:每生每年 2000 元,按学生人数的 4% 评定。

第五条 参评奖学金的基本条件。

(一)坚持四项基本原则,遵守国家法律,有良好的思想道德品质,遵守《高等学校学生行为准则》和学校各项规章制度。

(二)关心集体,有奉献精神,积极参加学校各项活动,体质健康标准测试达到合格。

(三)热爱所学专业,积极进取,勤奋学习,刻苦钻研,严谨求实。

第六条 参评奖学金的具体条件。

(一)奖学金的评定人数根据比例和条件分专业按年级排序确定,不重复评定。

(二)校内奖学金的申报对象应是参评年度内的"三好学生标兵""三好学生""优秀学生干部"或其他校级荣誉的获得者。

（三）国家奖学金获得者的学年综合测评总分必须达到 95 分以上（按百分制计算，包括 95 分），且该学年两次期末考试成绩必须全部及格，平均分值两次均达到 85 分以上（包括 85 分）。

（四）国家励志奖学金获得者的学年综合测评总分必须达到 95 分以上（按百分制计算，包括 95 分），且该学年两次期末考试成绩必须全部及格，平均分值两次均达到 80 分以上（包括 80 分）。

（五）学校校长奖学金获得者的学年综合测评总分必须达到 90 分，且该学年两次期末考试成绩必须全部及格，平均分值两次均达到 85 分以上。

（六）延年奖学金评选办法详见《湖南网络工程职业学校延年奖学金评审办法》。

（七）学校甲等奖学金获得者的学年综合测评总分必须达到 85 分，且该学年两次期末考试成绩必须全部及格，平均分值两次均达到 80 分以上。

（八）学校乙等奖学金获得者的学年综合测评总分必须达到 85 分，且该学年两次期末考试成绩必须全部及格，平均分值两次均达到 75 分以上。

第三章　奖学金评定与申诉程序

第七条　奖学金的评审程序。

（一）由学生本人提出书面申请或班级提名推荐。

（二）学生所在二级学院学生资助认定工作组初审并公示。

（三）学校学生资助管理中心复审。

（四）复审无异议后报学校奖助学金评审委员会审批并公示 5 个工作日。

（五）公示无异议后上报校长办公会审定。

第八条　奖学金每学年评定一次，在 12 月份前完成，一次性发放到位。

第九条　奖学金申诉程序。

（一）对二级学院奖学金公示结果有异议的学生，可在二级学院公示阶段向所在二级学院学生资助认定工作组提出申诉，二级学院学生资助认定工作组应及时研究并予以答复。

（二）如对学校奖学金公示结果有异议的学生，可在学校公示阶段向学校学生资助管理中心提出申诉，学校学生资助管理中心应及时研究并予以答复。如申诉人对学校学生资助管理中心作出的答复仍存在异议，可在学校公示阶段向学校奖助学金评审委员会提请裁决。

第四章　附　　则

第十条　本办法由学生工作处负责解释。

第十一条　本规定自公布之日起施行。

湖南网络工程职业学院延年奖学金评审办法

第一章 总 则

第一条 为贯彻党的教育方针,引导和激励广大学生勤奋学习、积极向上、全面发展,培养德智体美劳全面发展的社会主义建设者和接班人,根据《学生资助资金管理办法》(财教〔2021〕310 号)、湖南省相关文件精神和学校与延年酒店签订合作办学协议,制定本办法。

第二条 本办法适用于学校在籍的全日制在校学生。

第三条 评审工作按照公正、公平、公开的原则,坚持标准,把握质量,综合考核,择优评定。

第二章 评审条件

第四条 参评延年奖学金须具备以下基本条件:

(一)深入贯彻习近平新时代中国特色社会主义思想,遵守国家法律,有良好的思想道德品质,遵守《高等学校学生行为准则》和学校各项规章制度。

(二)关心集体,有奉献精神,积极参加志愿活动和文体活动,体质健康标准测试达到合格。

(三)热爱所学专业,积极进取,勤奋学习,刻苦钻研,严谨求实,上一学年所学课程都合格。

第五条 具备本办法第四条基本条件,且符合以下其中一项者可推荐评选延年奖学金:

(一)热爱专业,苦练技能,参加全国、全省各种学习竞赛与技能大赛等活动,获全国竞赛个人三等奖(含三等奖)以上,获全省竞赛个人一等奖(含一等奖)及以上。

(二)参加全国、全省各种文体比赛,获全国竞赛个人三等奖(含三等奖)以上,获省级竞赛个人一等奖(含一等奖)及以上。

(三)社会责任感强,乐于奉献,参与组织学校各类集体活动,有较强的工作能力,为学校荣誉作出突出贡献的学生干部。

(四)在参与社会志愿服务等公益活动中表现突出,为学院赢得荣誉。

(五)见义勇为、助人为乐、拾金不昧,受到有关部门表扬。

第六条　延年奖学金不与其他类型奖学金重复评审。

第三章　评审程序与发放

第七条　延年奖学金评审程序。

（一）由学生本人提出书面申请或班级提名推荐。

（二）学生所在二级学院资助认定工作组初审。

（三）学生资助管理中心审核。

（四）学校奖助金评审委员会审批并公示。

（五）公示无异议后上报校长办公会。

第八条　延年奖学金发放标准：奖学金每学年评定一次，名额根据当年的资助资金确定，每人奖励4000元，一次性发放。

第四章　申诉程序

第九条　对延年奖学金评审结果有异议的学生，可在学校公示阶段向学校资助认定工作组提出申诉，学校资助认定工作组应及时研究并予以答复。如申诉人对学校资助认定工作组作出的答复仍存在异议，可在学校评审和公示阶段向学校奖助学金评审委员会提请裁决。

第五章　附　　则

第十条　本办法由学生工作处负责解释。

第十一条　本规定自公布之日起施行。

湖南网络工程职业学院
家庭经济困难学生认定工作实施办法

　　根据湖南省教育厅等八部门关于印发《湖南省家庭经济困难学生认定实施办法》的通知(湘教发〔2019〕30号)的精神,为了更好地贯彻落实国家对高等学校家庭经济困难学生予以资助的有关政策和措施,就我校家庭经济困难学生认定工作,特制定本实施办法。

　　第一条　本方法适用于我校全日制在籍在校学生。

　　第二条　家庭经济困难学生是指本人及其家庭的经济能力难以满足其在校期间的学习和生活基本支出的学生。

　　第三条　认定家庭经济困难学生应当坚持实事求是、客观公正;坚持定量评价与定性评价相结合;坚持公开透明与保护隐私相结合;坚持积极引导与自愿申请相结合。

　　第四条　家庭经济困难学生认定工作必须严格工作制度,规范工作程序,做到公开、公平、公正。

　　(一)学校成立奖助学金评审委员会全面领导本校家庭经济困难学生的认定工作。学校学生资助管理中心(设学生工作处)具体负责组织和管理全校家庭经济困难学生认定工作。

　　(二)各二级学院成立以分管学生工作的领导为组长,学工办主任、辅导员等相关人员担任成员的资助认定工作组,负责具体组织和初审工作。

　　(三)以班级为单位,成立以辅导员牵头,教师代表、学生代表组成的认定评议小组,其中学生代表不能是被评议对象。认定评议小组成员中,学生代表人数视班级人数合理配置,一般不少于班级总人数的10%,人员配置还需考虑宿舍间的平衡,所选学生代表应能客观公正地履行岗位职责。认定评议小组成立后,其成员名单应在本班范围内公示。

　　第五条　申请认定为家庭经济困难学生,应具备以下基本条件:

　　(一)热爱社会主义祖国,拥护中国共产党领导。

　　(二)遵守宪法和法律,遵守学校规章制度。

　　(三)诚实守信,道德品质优良。

　　(四)学习勤奋,积极上进。

　　(五)家庭经济困难,生活俭朴。

　　学生虽具有学籍但已辍学或休学的学生,在辍学或休学期间暂停申请资格。

第六条 家庭经济困难学生分为特别困难、困难和一般困难三个等级,主要依据以下因素进行认定。

(一)家庭经济因素:主要包括家庭收入、资产、负债等情况。

(二)特殊群体因素:主要指是否属于原建档立卡贫困家庭学生、最低生活保障家庭学生、特困供养学生、孤儿、烈士子女、事实无人抚养儿童、家庭经济困难的残疾学生及残疾人子女等情况。

(三)突发状况因素:主要指遭受重大自然灾害、重大突发意外事件等情况。

(四)家庭负担因素:主要指赡养老人、抚养子女、教育支出、医疗支出等情况。

(五)学生消费因素:主要指学生消费的金额、结构等情况。

(六)经济社会发展水平因素:主要指学生户籍地经济发展水平、城乡居民最低生活保障标准,学校所在地物价水平及学校收费标准等情况。

第七条 具备下列情形之一者,认定为特别困难等级:

(一)属于扶贫部门认定的原建档立卡贫困家庭学生。

(二)属于民政部门认定的最低生活保障家庭学生、单亲家庭学生、特困供养学生、孤儿、事实无人抚养儿童。

(三)属于退役军人事务部门认定的烈士子女。

(四)属于残联部门认定的家庭经济困难残疾学生或残疾人子女。

(五)因遭受重大自然灾害、重大突发意外事件而导致家庭经济特别困难的。

(六)因其他原因导致家庭经济特别困难的。

第八条 具备下列情形之一者,认定为困难等级:

(一)学生消费支出明显低于本地或本校学生平均水平,难以满足学习和生活基本需要的。

(二)家庭经济收入低于当地平均水平,且家庭成员有残疾人或因患病需要承担大额医疗费用的。

(三)与学生共同生活的父(母)亲经济收入低于当地平均收入水平的。

(四)因遭受自然灾害、突发意外事件而导致家庭经济较困难的。

(五)因其他原因造成家庭经济困难的。

第九条 具备下列情形之一者,不得纳入家庭经济困难学生认定范围,已经通过认定的,应取消其资助资格:

(一)思想政治素质低劣或道德品质败坏,且屡教不改的。

(二)严重违反法律法规和学校规章制度,且屡教不改的。

(三)学生或监护人恶意提供虚假信息,隐瞒本人或其家庭资产或收入的。

(四)学生日常消费明显高出本校学生整体水平,经常使用高档奢侈品或者进行高消费的。

(五)其他不适宜认定为家庭经济困难学生的。

第十条 家庭经济困难学生认定程序。

家庭经济困难学生认定工作每学年进行一次,由学校学生资助管理中心、二级学院资助认定工作组、班级认定评议小组按照各自的职能分工,认真、负责地共同完成认定工作。认定家庭经济困难学生,一般应包括提前告知、个人申请、学校认定、结果公示、建档备案等工作程序。

(一)提前告知。认定前,各二级学院向在校学生发放《湖南网络工程职业学院家庭经济困难学生认定表》(以下简称《认定表》),当年招收的新生,在寄送录取通知书的同时寄送《认定表》,并做好大学生资助政策宣传工作。

(二)个人申请。学生本人自愿提出申请,如实填写和上报各类表格,并提供能够真实反映其家庭经济状况的支撑材料。

(三)学校认定。学校学生资助管理中心每年定期启动全校家庭经济困难学生认定工作,班级认定评议小组根据学生提交的材料,参照家庭经济困难学生认定标准对申请学生家庭经济困难程度进行量化评估;根据量化评估结果,组织民主评议。认定评议小组进行民主评议时,应重点考虑原建档立卡、特困家庭、单亲家庭、低保家庭、孤残学生、烈士子女以及家庭成员长期患重病、家庭遭遇自然灾害或突发事件等特殊情况的学生。评议结束,初步确定班级家庭经济困难学生认定结果,报二级学院资助认定工作组进行审核。

班级认定评议小组进行量化评估和民主评议时应充分保护受助学生尊严和隐私,不能让学生当众诉苦、互相比困;要采用多种方式深入了解学生生活、学习状况,及时发现困难但未受助、不困难却受助的学生,纠正认定结果存在的偏差。对于家庭经济困难但没有提出申请的学生,认定评议小组可提议该生按程序参评。

二级学院资助认定工作组要认真审核班级认定评议小组申报的初步评议结果。如有异议,应在征得认定评议小组意见后予以更正。

(四)结果公示。二级学院认定工作组审核通过后,要将家庭经济困难学生名单及档次报学生资助管理中心,学生资助管理中心汇总、审核后报学校奖助学金评审委员会审批,以适当方式、在适当范围内公示 5 个工作日(公示时不能公示学生的个人信息,严禁在网上公示)。

(五)建档备案。公示无异议后,学校将家庭经济困难学生名单汇总造册,连同学生提交的申请材料一同建档,并按要求录入全国学生资助管理信息系统。

(六)学校和二级学院要加强对学生的诚信教育,要求申请认定的学生如实提供其家庭经济状况及变动情况。每年定期随机抽取一定比例的家庭经济困难学生,通过函询、走访、校园卡消费查询等多种渠道核实其家庭经济状况;辅导员要经常深入到学生当中,了解家庭经济困难学生生活、学习等方面情况。如发现有不符合认定条件的学生,一经查实,要及时取消该学生的认定资格,并追回其已获得的相关资助资金。

第十一条 学生如对认定结果有异议的,可在公示期间通过书面方式向学校学生资助管理中心提出复核申请,学校学生资助管理中心应在 5 个工作日内予以答复。如复核申请所反映的情况属实,学校学生资助管理中心应及时做出调整或改正。

第十二条　各二级学院建立家庭经济困难学生资助档案和诚信档案,并将其作为学生获得各项资助的重要依据。学校根据资源总量和学生的具体情况统筹安排各类资助,精准分配资金名额,明确重点受助学生,为家庭经济困难学生定制资助方案,做到资助工作精准到位。

第十三条　本办法自公布之日起执行。

第十四条　本办法解释权属学校学生工作处学生资助管理中心。

湖南网络工程职业学院经济困难学生资助办法

第一章 总 则

第一条 为帮助家庭经济困难学生解决学习和生活困难,顺利完成学业,根据教育部和财政部《关于认真做好高等学校家庭经济困难学生认定工作的指导意见》、国务院《关于建立健全普通本科高校高等职业学校和中等职业学校家庭经济困难学生资助政策体系的意见》,以及教育部《普通高等学校学生管理规定》有关精神,结合学校实际,制定本办法。

第二条 本办法适用于学校在籍的普通全日制在校学生。

第二章 资助类型与审批程序

第三条 资助类型主要有国家助学金、临时困难补助。

(一)国家助学金。国家助学金一档:每生每年 4400 元;国家助学金二档:每生每年 3300 元;国家助学金三档:每生每年 2200 元。学校根据国家财政和教育主管部门下达的计划和评比条件,按比例择优评定资助名额。

(二)临时困难补助。临时困难补助金额为 1000 ~ 5000 元不等,金额由学生资助管理中心根据学生困难程度初定,并报学生工作处处务会审定。

第四条 国家助学金每学年认定一次;临时困难补助根据学生困难实际由各二级学院呈报审批。

第五条 国家助学金认定程序。

(一)每学年开学后,学校学生资助管理中心布置启动全院认定工作。认定评议小组组织学生填写《高等学校家庭经济困难学生认定申请表》,并负责收集《高等学校学生及家庭情况调查表》。

(二)认定评议小组根据学生提交的《高等学校家庭经济困难学生认定申请表》和《高等学校学生及家庭情况调查表》认真进行评议,确定本年级各档次的家庭经济困难学生资格,报二级学院认定工作组进行审核。

(三)二级学院认定工作组要认真审核认定评议小组申报的初步评议结果,审核通过后,将家庭经济困难学生名单及档次,以适当方式、在适当范围内公示 5 个工作日。

（四）学校学生资助管理中心负责汇总各二级学院审核通过的《高等学校家庭经济困难学生认定申请表》和《高等学校学生及家庭情况调查表》，报学校学生资助工作领导小组审批，并建立家庭经济困难学生信息档案。

（五）学校和各二级学院每学年定期对全部家庭经济困难学生进行一次资格复查，通过函询、电话、实地走访等方式进行核实，如发现弄虚作假现象，一经核实，取消资助资格，收回资助资金。情节严重的，学校将依据有关规定进行严肃处理。

第六条 资助经费来源于国家财政拨款。根据有关规定，高职高专院校按学费收入 4% 的标准提取，用于临时困难补助、勤工助学、奖学金的发放、减免学费、国家助学贷款风险补偿，专款专用。

第三章　申请条件

第七条 申请国家助学金或临时困难补助，应达到以下条件：

（一）全日制高职在籍在校学生。

（二）家庭经济困难，难以支付其在校期间的学习和生活基本费用。或因天灾人祸、身患重病等原因，家庭蒙受重大经济损失，一段时间内造成学习、生活困难的学生。

（三）思想道德品质好，学习刻苦，遵守国家法律法规和学校各项规章制度。

（四）最低生活保障家庭学生、单亲家庭学生、特困供养学生、孤残学生、烈士子女、家庭成员长期患重病、家庭遭遇自然灾害或突发事件等特殊情况的学生优先考虑。

第四章　家庭经济困难学生的认定及审核办法

第八条 学校学生资助工作领导小组全面领导本校家庭经济困难学生的认定工作，学生资助管理中心具体负责组织和管理全校的认定工作；各二级学院成立以分管家庭经济困难学生资助工作的学校领导为组长，学工办主任、辅导员等担任成员的资助认定工作组，负责认定的具体组织和审核工作；以班级为单位，成立以辅导员任组长，教师代表、学生代表担任成员的认定评议小组，负责认定的民主评议工作，认定评议小组成立后，其成员名单应在二级学院内公示。

第九条 学校鼓励并支持一般困难和困难学生通过申请国家助学贷款以及参与勤工助学活动解决自身困难。

第十条 享受困难补助的特困对象必须从严掌握。特困生的认定一般采取本人申请和年级认定评议小组评议、各二级学院资助认定工作组考查、学校学生资助管理中心审批三个步骤。

第十一条 需要申请认定家庭经济困难的新生及在校学生要如实填写《高等学

校学生及家庭情况调查表》,由认定评议小组根据申请人的困难事实以及经济状况、消费水平、学习与生活表现进行评议,各二级学院资助认定工作组考查核实,报学校学生资助管理中心审定。

第十二条　获得国家助学金、临时困难补助的学生,出现重大违纪时,不再享受补助。

第十三条　学生申请国家助学金、临时困难补助应诚实守信。如发现国家助学金、临时困难补助享受者不符合补助条件,或实际经济情况与申报不符,伪造证明、弄虚作假、欺骗组织者,经调查核实后,学校将取消其补助资格,追回所发补助金,并视情节轻重给予相应的纪律处分。

第十四条　学生个人对国家助学金、临时困难补助评审结果有异议者,可在所在二级学院初评结果公布之日起3天内(指工作日,下同)向所在二级学院认定工作组提出申诉,学院认定工作组应在3天内做出答复;如学生对本学院认定工作组答复仍有异议,可在认定工作组答复后3天内向学院学生资助管理中心提起申诉,学校学生资助管理中心应征求各方面意见,综合审查后,在3天内作出处理意见,报主管院领导批准后,通知学生本人及所在二级学院。此处理意见为最终处理意见。

第五章　补助金发放办法

第十五条　对享受经济困难补助的学生,在身体条件允许的情况下优先推荐勤工助学的岗位。

第十六条　除经济困难补助金、临时困难补助为一次性发放外,其余学生的国家助学金分春、秋两个学期发放,以保证学生正常的生活需要。

第十七条　享受经济困难补助的学生,在本学年度内如有违纪受处分,抽烟、酗酒、浪费水电和粮食,经教育不改者,停发补助金的20%～100%不等。对无特殊情况不参加勤工助学的特困生,可视情节减少或取消补助金。

第六章　附　则

第十八条　本办法由学生工作处负责解释。

第十九条　本办法自公布之日起施行。

湖南网络工程职业学院学生勤工助学管理办法

第一章 总 则

第一条 为规范勤工助学工作,更好地发挥勤工助学育人功能,培养学生自立自强、创新创业精神,增强家庭经济困难学生的社会实践能力,根据《湖南省教育厅、湖南省财政厅关于贯彻落实〈高等学校勤工助学管理办法(2018年修订)〉的实施意见》(湘教发〔2019〕18号)文件精神,结合学校实际,制定本办法。

第二条 本办法所称勤工助学活动是指学生在学校的组织下利用课余时间,通过劳动取得合法报酬,用于改善学习和生活条件的社会实践活动。学生私自在校外打工或兼职行为,不在本办法之列。

第三条 勤工助学是学校学生资助工作的重要组成部分,是提高学生综合素质和资助家庭经济困难学生的有效途径,是实现全员育人、全方位育人、全过程育人的有效平台。勤工助学活动应坚持"立足校园、服务社会"的宗旨,按照学有余力、自愿申请、信息公开、扶困优先、竞争上岗、遵纪守法的原则,由学校在不影响正常教学秩序和学生正常学习的前提下有组织地开展。

第四条 勤工助学活动由人事处和学生工作处统一组织和管理。任何部门或个人未经人事处和学生工作处同意,不得聘用在校学生工作。

第二章 组织机构与职责

第五条 学校奖助学金评审委员会全面领导勤工助学工作,办公室设在学生工作处。人事处负责勤工助学岗位编制设定;财务处负责勤工助学资金的管理与发放;各二级部门进行岗位申报与组织;学生工作处具体组织协调校内各用工部门,引导学生积极参加勤工助学活动,指导和监督学生的勤工助学活动。

第六条 人事处职责:

(一)负责核定校内勤工助学的岗位设置数。

(二)负责核定校内勤工助学岗位的酬金标准。

第七条 财务处职责:

(一)负责校内勤工助学资金的管理。

(二)负责校内勤工助学学生酬金的发放。

第八条　学生工作处职责：

（一）负责勤工助学岗位的安排，为学生和用工单位提供及时有效的服务。

（二）负责勤工助学学生的思想政治教育，帮助他们树立正确的劳动观，对在勤工助学活动中表现突出的学生予以表彰和奖励，对在勤工助学活动中违反校纪、校规的学生按照学校管理规定进行教育和处理。

（三）负责对勤工助学岗位酬金汇总，并执行学校财务规定流程。

第九条　各二级学院职责：

（一）负责组织学生参加各类勤工助学竞聘。

（二）负责对参加勤工助学活动的学生进行资格初审。

（三）负责指导学生填写《湖南网络工程职业学院勤工助学申请表》。

第十条　用工部门职责：

（一）接受学生勤工助学岗位申请，并负责勤工助学学生用工期间的管理与考核。

（二）组织学生开展必要的勤工助学岗前培训和安全教育，维护勤工助学学生的合法权益，落实劳动地点，安排劳动时间，明确劳动任务，规定劳动纪律，提供劳动工具。

（三）安排专人对学生勤工助学进行管理、监督、指导、考勤和考核，每月月底向学生工作处报送当月学生考勤表和工资表，每年年底对勤工助学学生的工作表现情况作出书面综合鉴定，报送学生工作处备案。

（四）禁止学生参加有毒、有害和危险的生产作业，以及超过学生身体承受能力、有碍学生身心健康的劳动。

第三章　校内勤工助学岗位的设置

第十一条　勤工助学岗位主要是在教学、科研和管理等部门开展助教、助研、助管的"三助"活动，承担后勤服务、校园秩序维护、公益劳动等方面力所能及的工作。

第十二条　学生勤工助学岗位有以下两类：

（一）固定岗位，是指相对长期固定的学生勤工助学岗位，一般在每年秋季学期由用工部门向人事处提出申请并填写《湖南网络工程职业学院勤工助学固定岗位申请表》，经人事处审核，并报学校主管人事工作和学生工作的校领导审批后设立，其间根据实际情况可进行调整。

（二）临时岗位，是指学生临时参加的劳动岗位，一般由用工部门提前三天向学校人事处提出申请并填写《湖南网络工程职业学院勤工助学临时用工登记表》，由人事处会同学生工作处审核批准后统筹安排。

第十三条　学生勤工助学岗位应是无毒、无害、无危险，适于学生从事的工作。

第十四条　用工部门设岗应以不影响学生正常学习为原则，不得要求学生请假或旷课参与用工。

第十五条　学生参加勤工助学的时间原则上每月不超过 40 小时,每年暑假和寒假原则上不安排学生勤工助学,如遇特殊情况需提前向人事处报备。

第四章　勤工助学学生的确定

第十六条　勤工助学学生的推荐条件:

(一)我校全日制在校学生。

(二)遵纪守法,思想表现好,遵守学校校纪校规。

(三)家庭经济困难的学生优先安排。

第十七条　申请勤工助学采用组织安排与公开招聘相结合的办法,按照"双向选择,择优录用"的原则,优先录用家庭经济困难的学生。

第十八条　学生工作处对各用工部门提供的材料进行审核,最终确定勤工助学的学生,并建立学生勤工助学工作信息库。原则上一名学生在同一时期只能在一个勤工助学岗位工作。

第十九条　各用工部门及时向学生工作处报送勤工助学岗位人员变动情况,学生工作处负责做好勤工助学信息库的更新工作。

第五章　勤工助学资金的开支和酬金的发放

第二十条　学生勤工助学资金原则上由学校资助资金专项经费开支。

第二十一条　学生勤工助学酬金支付方式。

(一)临时性岗位酬金按每小时不低于 12.5 元标准发放;固定性岗位按月计酬,每月酬金不高于 500 元。具体酬金由用工部门按照标准结合工作的劳动强度及复杂程度确定,每月底将考勤表和酬金表报学生工作处。

(二)勤工助学酬金原则上按月发放,由学生工作处根据用工部门报送的月工作量填写学生勤工助学酬金发放表,经财务处负责人、主管校领导、校长审批后,将酬金批量代发到学生个人银行账户。

第二十二条　学校保护学生劳动和服务所应得的劳动报酬,用工部门在确定劳动报酬时,不得随意克扣学生的劳动报酬,也不得虚报或多报劳动量,超额发放劳动报酬。

第六章　勤工助学岗位工作纪律和要求

第二十三条　固定岗位的学生聘用期限原则上为一学年。聘用期间受到学校违纪处分或有三门(含)及以上必修课程成绩补考后仍不及格者,下学年原则上不再安排用工。

第二十四条　勤工助学岗位一经确定,不得随意变更或离岗,因客观原因或特殊情况需变更岗位或离岗者,学生需以书面形式提前向用工部门提出申请,经用工部门签署意见后报学生工作处审核批准。

第二十五条 学生应认真履行岗位职责,服从学生工作处与用工部门的安排和管理,遵守工作制度和劳动纪律,注重提高自身素质和劳动能力,按时保质保量完成岗位工作。

第二十六条 学生应按时上下班,有事必须履行请假手续,不得无故缺勤。凡用工部门月考核不合格者,扣除相应比例报酬,连续或累计两次月考核不合格者,取消其本学期勤工助学资格。

第二十七条 对在参加勤工助学活动期间严重违反工作纪律或校纪、校规者,取消勤工助学资格。

第七章 参加勤工助学活动学生的权利和义务

第二十八条 参加勤工助学活动的学生享有以下的权利:

(一)有按劳取酬的权利。

(二)有维护自己劳动成果不受他人损害的权利。

第二十九条 参加勤工助学活动的学生在享有权利的同时,必须履行以下的义务:

(一)认真完成教学计划规定的学习任务,积极参加集体活动及义务劳动,在学有余力的情况下参加勤工助学活动。

(二)遵守国家法律法规,遵守学校各项规章制度以及用工部门的有关规章制度,维护学校声誉。

(三)按时、按质、按量完成工作任务,不得无故拖延、误漏、隔日出勤。

第八章 奖励表彰

第三十条 每年10月份开展勤工助学先进个人评选工作,参与评比的学生需满足以下基本条件:

(一)参加勤工助学活动至少5个月以上(包含5个月)。

(二)参加勤工助学活动期间没有挂科现象(包含公共课)。

(三)参加勤工助学活动期间没有受过违纪违规处分。

(四)参加勤工助学活动期间每月考核为优良及以上等次。

第三十一条 勤工助学先进个人按照每学年参加勤工助学学生人数的10%比例进行评比。

第三十二条 对评为勤工助学先进个人者,学校颁发荣誉证书。

第九章 附 则

第三十三条 本办法自印发之日起施行,由人事处和学生工作处负责解释。

职业规划篇

▶▶▶

大学生职业生涯规划

大学生职业生涯规划是指学生在大学期间进行系统的职业生涯规划的过程。职业生涯规划的有无及好坏直接影响大学期间的学习、生活质量,更直接影响求职就业甚至未来职业生涯的成败。大学生职业生涯规划包括评估自我、确定短期目标和长期目标、制定行动计划和内容、需要采取的方式和途径四个步骤。

一、自我评估

自我评估就是要全面了解自己。一个有效的职业生涯规划必须是在充分且正确认识自身条件与相关环境的基础上进行的。要正确客观地审视自己、认识自己、了解自己,做好自我评估,包括自己的兴趣、特长、性格、学识、技能、智商、情商、思维方式等,即要弄清我想干什么、我能干什么、我应该干什么、在众多的职业面前我会选择什么等问题。

二、确定短期目标和长期目标

确立目标是制定职业生涯规划的关键,通常目标有短期目标、中期目标、长期目标和人生目标之分。长远目标需要个人经过长期艰苦努力、不懈奋斗才有可能实现,因此确立长远目标时要立足现实、慎重选择、全面考虑,使之既有现实性又有前瞻性。短期目标更具体,对人的影响也更直接,也是长远目标的组成部分。在确立目标时应充分说明各目标的内容,才能将职业规划得具体详细。

三、制定行动计划与措施

在确定了职业生涯目标后,行动便成了关键的环节。没有达成目标的行动,目标就难以实现,也就谈不上事业的成功。这里所指的行动,是指落实目标的具体措施,主要包括工作、训练、教育、轮岗等方面的措施。例如,为达成目标,在工作方面,自己计划采取什么措施来提高工作效率?在业务素质方面,计划学习哪些知识,掌握哪些技能来提高业务能力?在潜能开发方面,采取什么措施开发潜能?等等,都要有具体的计划与明确的措施,并且这些计划要特别具体,以便于定时检查。

四、选择需要采取的方式和途径

一年级为试探期:要初步了解职业,特别是希望从事的职业或专业对口的职业,同时培养人际交往能力。新入校的学生应注重与师兄师姐们的沟通与交流,积极参加学校组织的各项活动,提高个人能力;认真学习计算机基本理论和基本知识,提高计算机应用能力,利用计算机技术和互联网技术提高自己的学习能力和学习效率。

二年级为定向期:应考虑清楚毕业后是继续深造还是马上就业,了解相关的活动,以提高自身的基本素质为主,通过参加学生会或社团组织,锻炼自己各方面的能力,同时检验自己的知识与能力水平。二年级期间可以开始尝试兼职、参加社会实践活动,一定要持之以恒,最好能在课余时间长期从事与未来职业或专业有关的工作,从而提高工作责任感、主动性和受挫能力;提高英语口语应用能力,提高计算机应用能力,争取一次性通过英语等级考试和计算机等级考试,此阶段还可以选择辅修其他专业的知识来充实自己。

三年级为冲刺期:临近毕业,目标应锁定在提升求职技能、搜集公司信息并确定自己是否要继续升学这方面。参加和专业有关的暑期工作,和同学交流求职心得与体会,学习撰写简历和求职信,了解搜集工作信息的渠道,并积极尝试加入校友网络,向有经验的校友咨询往年的求职情况。

四年级:毕业前期,可先对前三年的准备做一个总结。首先检验自己已确立的职业目标是否明确,前三年的准备是否充分;然后,开始申请工作,积极参加招聘活动,在实践中检验前期的积累和准备;最后,利用学校提供的条件,在就业指导中心的帮助下,了解用人单位的信息,强化求职技巧,并进行模拟面试,争取做到知己知彼、百战百胜。

大学生应征入伍政策解读

一、国家宪法和法律对公民应征入伍的规定

《中华人民共和国宪法》规定：保卫祖国、抵抗侵略是中华人民共和国每一个公民的神圣职责。依照法律服兵役和参加民兵组织是中华人民共和国公民的光荣义务。《中华人民共和国兵役法》(以下简称《兵役法》)规定：中华人民共和国公民，不分民族、种族、职业、家庭出身、宗教信仰和教育程度，都有义务依照本法的规定服兵役。

二、新兵征集对象和范围

新修改的《兵役法》，继续保持现行政策的连续性和稳定性。征集对象和范围，继续以高中(含职高、中专、技校)毕业以上文化程度的青年为主，同等条件下，优先征集学历高的青年和应届毕业生入伍；条件具备的地区，尽量少征或不征初中文化程度青年。普通高等学校应届毕业生、翌年毕业生和大一入学新生以及高中应届毕业生为征集重点对象。女兵征集工作，将继续按照网上报名、择优排序、公开征集的办法组织实施。

三、公民应征入伍需要满足的基本身体条件和政治条件

公民应征入伍要符合国防部颁布的《应征公民体格检查标准》和有关规定。其中，有几项基本条件。身高：男性 160cm 以上；女性 158cm 以上。体重：男性不超过标准体重的 25%，不低于标准体重的 15%；女性不超过标准体重的 15%，不低于标准体重的 15%；标准体重 =(身高－110)kg。视力：陆勤人员，大学专科以上文化程度人员右眼裸眼视力不低于 4.6，左眼裸眼视力不低于 4.5；屈光不正，准分子激光手术后半年以上，无并发症，视力达到相应标准，合格。内科：乙型肝炎表面抗原呈阴性，等等。

征集服现役的公民必须热爱中国共产党，热爱社会主义祖国，热爱人民军队，遵纪守法，品德优良，决心为抵抗侵略、保卫祖国、保卫人民的和平劳动而英勇奋斗。征兵政治审查的内容包括：应征公民的年龄、户籍、职业、政治面貌、宗教信仰、文化程度、现实表现以及家庭主要成员和主要社会关系成员的政治情况等。

四、在读大学生、大学毕业生服兵役的年龄范围

《兵役法》规定，根据军队需要和本人自愿，可以征集当年 12 月 31 日以前年满

17 周岁未满 18 周岁的公民服现役。这样,征兵人员的年龄范围扩大到:军队需要和个人自愿,当年满 17 周岁;中专或高中以上学历、在校大学生 18 至 22 周岁;大专毕业生,23 周岁以下;本科毕业生,24 周岁以下。国家实行兵役登记制度,每年 12 月 31 日以前年满 18 周岁的男性公民,都应当在当年 6 月 30 日以前,进行兵役登记。经兵役登记并初步审查合格的,称应征公民。在征集期间,应征公民被征集服现役,同时被机关、团体、企业事业单位招收录用或者聘用的,应当优先履行服兵役义务。应征公民是维持家庭生活唯一劳动力的,可以缓征。

五、高校在校生入伍的优惠政策

(一)优先参军政策

高校在校生参军,享受优先报名应征、优先体检政审、优先审批定兵、优先批准入伍的政策,对合格的高校在校生未被批准入伍前,不得批准高中文化程度青年入伍。对批准入伍的在校生在安排去向时,优先安排到军兵种或专业技术要求高的部队服役。

(二)优先选拔使用

同等条件下,高校毕业生士兵在选取士官、考军校、安排到技术岗位等方面优先;具备普通本科学历、取得相应学位的高校毕业生士兵,表现优秀、符合总部有关规定的可按计划直接选拔为军官。大学在校生退役复学后参加国防生选拔、参加国家组织的农村基层服务项目人选选拔,以及毕业后参加军官人选选拔的,优先录取。

(三)考研升学优惠

具有高等教育学历的士兵退役后,参加政法干警招录培养体制改革试点考试的,教育考试笔试成绩总分加 10 分;退役后三年内参加全国硕士研究生招生统一入学考试,初试总分加 10 分;立二等功及以上的,退役后免试(指初试)攻读硕士研究生;具有高职(专科)学历的,退役后免试入读成人本科;或经过一定考核(享受招生计划单列,考试成绩单独划线、单独录取),按报考人数 30% 比例录取入读普通本科。

(四)享受学费补偿和国家助学贷款代偿

对应征入伍的普通高校应届毕业生和在校生,由中央财政实施相应的学费补偿、国家助学贷款代偿和复学后学费资助。

对在读期间申请国家助学金贷款的学生实施代偿。对于在校期间每年实际缴纳学费或者申请国家助学金贷款本息高于 6000 元的,按照每年 6000 元的金额实施补偿或者代偿;低于 6000 元的,按照学费和国家助学金贷款本息两者就高的原则,实施补偿或代偿。对退役复学的高校在校生实行学费资助,每学年学费标准高于 6000 元的,按照 6000 元的金额进行资助;低于 6000 元的,按照实际学费收费金额进行资助。

（五）就业安置优惠

按照国家规定发给退役金，根据当地政策，还可领取经济补助；免费参加职业教育、技能培训，经考试考核合格的，发给相应的学历证书、职业资格证书并推荐就业；报考公务员、应聘事业单位职位的，在军队服现役经历视为基层工作经历，同等条件下应当优先录用或者聘用；参加户籍所在地省级毕业生就业指导机构和原毕业高校就业招聘会，享受提供信息、重点推荐、就业指导等就业服务；享受国家扶持就业方面的其他优惠政策。

六、高校往届毕业生参加应征的相关规定

高校往届毕业生应征入伍在政治、身体、年龄、文化等方面的条件规定与应届毕业生相同，不用参加网上预征报名，可直接到户籍所在地县级兵役机关报名应征，享受优先批准入伍的有关政策，入伍后家庭按规定享受军属待遇，但不享受学费补偿和国家助学贷款代偿政策，其他有关入伍后参加选取士官、军官选拔、退役后考试升学、就业服务等方面的政策，按照国家和军队出台的文件及各地制定的实施办法和细则执行。

七、未参加网上预征报名的高校毕业生应征入伍的优惠政策

离校前未参加预征报名的高校毕业生在冬季征兵时可直接到入学前户籍所在地县级兵役机关报名应征，并登录"大学生预征报名系统"，在线填写、打印《登记表》和《申请表》，返校通过学校所在地兵役机关审核盖章后，再办理其他应征手续，仍可享受国家鼓励高校毕业生应征入伍的各项优惠政策。

八、和工作单位签约后又想应征入伍的规定

高校毕业生应征入伍需要变更就业协议，不属于违约。依法参加服兵役，是每个公民应尽的光荣义务和权利，受国家法律和政策的保护，用人单位要依照《宪法》《兵役法》等规定，支持本单位员工依法服兵役，并落实好他们退役后的安置工作。高校毕业生要和用人单位及时沟通协商，共同做好工作安排。

九、士兵服现役期间的待遇

义务兵享受供给制生活待遇。义务兵第一年军衔级别为列兵，每月津贴500元，第二年晋升为上等兵，每月津贴600元。士官基本工资（未包括地区生活、高山海岛、骨干津贴等补助），下士第一年为2300元，中士为3000元，上士为3730元，四级军士长为4530元。实行士兵退役金制度。由中央财政按规定标准发给自主就业退役士兵一次性退役金，并建立增发和适时调整机制，地方政府还可以根据实际情况给予一次性经济补助。

十、从高校毕业生士兵中确定提干对象的基本条件

（1）政治立场坚定，军事素质过硬，文化基础扎实，有发展潜力，志愿献身国防事业。

(2)中国共产党党员或者入党积极分子。

(3)大学本科毕业的,主要是参加全国普通高等学校招生统一考试,经省(自治区、直辖市,下同)招生办公室本科第一批、第二批统一录取且取得全日制本科学历和学士学位的毕业生(含毕业学年入伍,服役期间取得学历和学位的);也可以是参加全国普通高等学校统一招生考试,经省招生办公室本科第三批录取、取得全日制本科学历和学士学位(以下简称三本)且服役期间表现特别优秀的毕业生;研究生毕业的,必须是参加全国硕士研究生招生统一考试,取得全日制研究生学历的毕业生。

(4)截至当年6月30日,入伍一年半以上(服役期间取得学历和学位的应当入伍2年以上),且在推荐的旅(团)级单位工作半年以上。

(5)现实表现好,被评为优秀士兵或者被旅(团)级以上单位评为先进个人;三本毕业的还应当担任班长或者副班长,或者荣立三等功以上奖励,或者被旅(团)级以上单位评为军事训练标兵。

(6)本科毕业的年龄不超过26周岁(截至当年6月30日,下同);研究生毕业的年龄不超过29岁;其中,获得二等功以上奖励的,被军区级以上单位树为重大典型、表彰为英模人物的,在驻国家级三类以上艰苦边远地区少数民族聚居区部队服役且为少数民族的,年龄可以放宽1岁。

(7)身体和心理健康,符合军队院校招收学员体格检查标准。

十一、士兵考军校的规定

军队院校招收士兵学员对象:具有高中毕业以上文化程度或者同等学力,未完成国家高等学历教育的在校大学生士兵。高中生士兵年龄不超过22周岁(截止当年1月1日),在校大学生士兵年龄可以放宽1岁;义务兵考生必须服现役满1年,士官考生必须服现役满2年、不超过3年,且在本军级单位工作满半年(截止6月30日)。

军队院校专升本的规定:参加全国普通高等学校招生统一考试,经省招生办公室专科统一录取且取得全日制专科学历的毕业生士兵,可以参加全军统一组织的本科层次招生考试,录取的入有关军队院校学习,学制2年,毕业合格的列入年度生长干部毕业学员分配计划。报考条件、考试组织、录取办法等另行规定。

优秀士兵保送入学的规定:大学毕业生士兵参加优秀士兵保送入学对象选拔,年龄放宽1岁,同等条件下优先列为优秀士兵保送入学推荐对象,选拔办法按照优秀士兵保送入学有关规定执行。大学毕业生士兵保送入学对象具有本科以上学历的,安排6个月任职培训;具有专科学历的,安排2年本科层次学历培训。

十二、士兵退役后的安置方式

士兵退役后,国家采取自主就业、安排工作、退休、供养等四种方式给予安置。

(1)义务兵和服现役不满12年的士官退出现役的,由人民政府扶持自主就业。

(2)下列四种对象由人民政府安排工作:士官服现役满12年的;服现役期间平时荣获二等功以上奖励或者战时荣获三等功以上奖励的;因战致残被评定为5级至

8 级残疾等级的;烈士子女。

(3)下列四种对象做退休安置:年满 55 周岁的;服现役满 30 年的;因战、因公致残被评定为 1 级至 6 级残疾等级的;经军队医院证明和军级以上单位卫生部门审核确认因病基本丧失工作能力的。

(4)有下列两种情况之一的由国家供养终身:一是被评定为 1 级至 4 级残疾等级的义务兵和初级士官退出现役的;二是因战、因公致残被评定为 1 级至 4 级残疾等级的中级以上士官,本人自愿放弃退休安置的。

十三、《退役士兵安置条例》为自主就业的退役士兵制定的优惠政策

自主就业的退役士兵享受六大优惠政策。

(1)由部队根据服现役年限发给一次性退役金,地方人民政府可以根据当地实际情况给予经济补助,一次性退役金和一次性经济补助按照国家规定免征个人所得税。

(2)退役 1 年内,由县级以上地方人民政府退役士兵安置工作主管部门组织免费参加职业教育和技能培训,并推荐就业。

(3)从事个体经营的,按照国家规定给予税收优惠,给予小额担保贷款扶持,从事微利项目的给予财政贴息;除国家限制行业外,自首次注册登记之日起内,免收 3 年的管理类、登记类和证照类的行政事业性收费。

(4)入伍前是国家机关、社会团体、企业事业单位工作人员或者职工的,退出现役后可以选择复职复工,其工资、福利和其他待遇不得低于本单位同等条件人员的平均水平。

(5)回入伍时户口所在地落户,属于农村集体经济组织成员但承包农村土地的,可以申请承包农村土地并享有优先。

(6)进入中等职业学校学习、报考成人高等学校或者普通高等学校的,按照国家有关规定享受优待。

十四、退役士兵的退役金

自主就业的退役士兵根据服现役年限领取一次性退役金。退役金根据退役金标准和退役士兵服现役年限计发:

$$退役金数额 = 退役金标准 \times 服现役年限$$

退役金标准是根据国民经济发展水平、全国职工年平均工资收入和军人职业特殊性等因素确定,并适时调整。2011 年退役金基本标准是每服现役满 1 年 4500 元。服现役年限从批准入伍之日起算,到下达退役命令之日止。服现役年限按周年计算后,剩余月数不满 6 个月的按照半年计算,超过 6 个月不满 1 年的按照 1 年计算。

退役金与服现役表现挂钩。获得荣誉称号或者立功的退役士兵,按照规定比例予以增发。

此外,地方政府可以根据当地的实际情况给予经济补助。经济补助标准及发放办法由省、自治区、直辖市人民政府规定。

十五、应征入伍的流程

(一)男兵流程

1. 网上登记

每年 8 月 5 日前,有应征意向的男性适龄青年可登录"全国征兵网"(http://www.gfbzb.gov.cn),填写个人基本信息,报名成功后,自行下载打印《男性公民兵役登记/应征报名表》。大学生还应下载打印《大学生预征对象登记表》,符合国家学费资助条件的,同时还应下载打印《高校学生应征入伍学费补偿国家助学贷款代偿申请表》,持表到自己选择参军入伍的户口所在地乡(镇、街道)武装部或高校武装部进行现场确认并提交该表。

2. 初审初检

应征青年根据通知参加应征地县级征兵办公室组织的初审初检,合格的确定为预征对象。

3. 体检政考

征兵开始后,预征对象本人根据应征地县级征兵办公室通知参加体检,当地公安、教育等部门同步展开政治考核工作。

4. 走访调查

政治考核和体检初步合格者,将由县级征兵办公室通知应征青年所在乡(镇、街道)基层人武部,安排走访调查。

5. 预定新兵

县级征兵办公室对体检和政治考核双合格者进行全面衡量,确定预定批准入伍对象,同等条件下,优先确定学历高的应届毕业生为预定新兵。

6. 张榜公示

将预定新兵名单在县(市、区),乡(镇、街道)张榜公示,接受群众监督,公示时间不少于 5 天。

7. 批准入伍

(1)体格检查、政治考核合格并经公示后,将由县级兵役机关正式批准入伍。

(2)到所在乡(镇、街道)或高校武装部领取《入伍通知书》,凭《入伍通知书》到户籍所在地派出所办理户口注销手续。

(3)符合申请学费资助条件的大学生,需将加盖县级征兵办公室公章的《申请表》原件和《入伍通知书》复印件,寄送至原就读高校学生资助管理部门办理学费补偿(代偿)手续。

(4)当年被高校录取的大学新生,持高校录取通知书和身份证(户口簿)、高中阶段教育毕业证,到入伍地县级征兵办公室领取并填写《保留入学资格申请表》,由兵役机关统一办理学籍保留手续。

(5)按照所在乡(镇、街道)或高校武装部通知,到县级兵役机关领取新兵被、装,等待交接起运,前往部队服役。

（二）女兵流程

1. 网上登记

符合征集基本条件的女性适龄青年在 8 月 5 日前，可登录"全国征兵网"（http://www. gfbzb. gov. cn）填写个人基本信息，报名截止后，网上报名系统将自动依据报名人员当年高考相对分数进行排序，择优初选预征对象并张榜公示。被确定为初选预征对象的女青年，自 8 月 6 日起登录全国征兵网，下载打印《应征女青年网上报名审核表》。

2. 初审初检

女青年按兵役机关通知要求参加市或县级征兵办公室组织的初审初检，合格者确定为送检对象并张榜公示。

3. 体检考评

征兵开始后，送检对象根据兵役机关通知，到指定的体检站参加体格检查和综合素质考评。

4. 政治考核

体格检查和综合素质考评后，由县级兵役机关会同当地公安、教育等部门，对其进行政治考核和走访调查。

5. 预定新兵

市级征兵办公室对学历、年龄、体检和政治考核全部合格的应征女青年，按照综合素质考评分数由高到低的顺序，依次确定为预定新兵。

6. 批准入伍

经公示未被举报和反映有问题的，确定为批准入伍对象，由县级征兵办公室办理批准入伍手续，发放《入伍通知书》。凭《入伍通知书》办理户口注销，享受义务兵优待，等待交接起运，统一输送至部队服役。

十六、保留入学资格及退役后入学流程

（1）高校新生在领取入伍通知书后，登录全国征兵网更改学历为"高校新生"，持高校录取通知书和身份证（户口簿）、高中阶段教育毕业证到入伍地县（市、区）人民政府征兵办公室领取并填写《保留入学资格申请表》。

（2）县级征兵办在录取高校规定新生报到截止日前，将加盖县级征兵办公章的《保留入学资格申请表》和入伍通知书复印件，寄送高校招生部门。

（3）高校招生部门审核录取资格，办理保留入学资格手续，审核《保留入学资格申请表》加盖学校公章，出具《保留入学资格通知书》，寄送《保留入学资格通知书》和《保留入学资格申请表》至县级征兵办。

（4）县级征兵办留存备案《保留入学资格申请表》，将《保留入学资格通知书》送交入伍高校新生。

（5）入伍高校新生在退役后 2 年内，持《保留入学资格通知书》和高校录取通知书，到校办理入学手续。

毕业生就业相关信息

一、关于《就业协议书》

（一）《就业协议书》的作用

《就业协议书》由湖南省教育厅毕业生主管部门按教育部高校学生司的统一格式印制，在毕业生就业时与用人单位签订，主要用于明确毕业生、用人单位、学校三方在毕业生就业工作中的权利和义务。《就业协议书》全省统一编码，每位毕业生的《就业协议书》编号唯一，一式三份，只能与一家用人单位签订，且只能由毕业生本人使用，不能转让，复印无效。

（二）签订《就业协议书》的步骤

第一步：毕业生本人填写"毕业生情况"，毕业生联系方式尽可能详细。

第二步：用人单位填写"用人单位意见"。

第三步：毕业生所在二级学院签署意见并盖章。

第四步：学校就业指导中心确认并盖章。

第五步：就业协议书交给二级学院就业老师存档。

（三）《就业协议书》丢失了的补办方法

毕业生本人应持毕业证原件、补领申请及未与任何用人单位签订《就业协议书》的保证书到学校毕业生就业指导中心补领。

（四）《就业协议书》学校意见一栏的填写

《就业协议书》中"毕业生所在院（系）意见"栏由毕业生所在二级学院的毕业生就业工作部门签署意见并盖章。"学校毕业生就业管理部门意见"栏由学校毕业生就业指导中心签署意见并盖章。学校联系人、联系电话、邮政编码、通信地址均填写毕业生所在二级学院毕业生就业工作部门的相应内容。

二、关于毕业生档案转寄

（一）毕业生档案的作用

毕业生档案是学生在校期间家庭情况、学习成绩、身体状况等的文字记载材料，是用人单位选拔、聘用毕业生的重要依据。在校时称为学籍档案，毕业后称为人事档案。它是个人经历的记录，也是人事管理和服务的依据。档案除了供用人单位考察录用人员之外，也是维护个人权益和福利的凭证，无论是工作调动、考研、公务员招考,还是职称评审、考资格证、工龄认定、社保办理、住房补贴发放、入党、办理退休等,都要用到毕业生档案。

(二)档案袋里包含的材料

必须放入档案袋内的材料包括:高考报名材料袋、毕业生登记表、学习成绩登记表、学籍卡。

根据实际情况进行归档的材料:荣誉证书、奖励材料、处分及处分解除材料、团员材料、学籍异动材料、学生诚信档案、其他需归档的材料。

(三)毕业生档案的去向

毕业生档案一般有三种去向:毕业生户籍所在地的人力资源服务中心、有档案接收和管理权限的用人单位、专升本的本科院校。

(四)毕业生档案可以在学校保管的时长

毕业生档案原则上不留校。如有特殊情况需申请档案留校的,学生须在毕业前向毕业生档案室提交申请,毕业 2 年内可将档案暂时留校保管。毕业 2 年后未办理档案转递手续,造成档案滞留或死档,责任自负。

(五)毕业生委托他人来办理档案转递手续,需要携带的材料

毕业生委托他人来办理档案转递手续需要该提档人的身份证原件与委托人的毕业证原件和亲笔书写的委托书。

四、其他

(一)大学生志愿服务西部计划(简称西部计划)

1. 西部计划具体是什么

自 2003 年起,由团中央、教育部、财政部、人力资源社会保障部联合实施大学生志愿服务西部计划,每年招募一定数量的普通高等学校应届毕业生或在读研究生,到西部基层开展为期 1~3 年的志愿服务。

2. 西部计划招募哪些人

在校应届本科毕业生、大专毕业生或在读研究生均可报名参加西部计划。

3. 西部计划对身体状况有什么要求

身心健康,通过西部计划体检项目,符合《大学生志愿服务西部计划志愿者体检标准》(见西部计划官网)要求。

4. 如果录取为志愿者,住宿怎么解决

县级项目办及基层服务单位积极为志愿者提供交通、住宿和伙食等方面的便利,提高保障水平。

5. 补贴待遇怎么样

目前,中央财政按照西部地区每人每年 3 万元(南疆四地州、西藏每人每年 4 万元),中部地区每人每年 2.4 万元的标准,拨付省级财政部门,各省将统筹实际确定具体发放补贴标准。地方各级财政将根据实际承担志愿者社会保险单位缴纳部分，为志愿者购买重大疾病、人身意外伤害等商业保险。具体以当年政策标准为准。

6.毕业生结束服务后,创业时会有支持吗

服务期满考核合格的毕业生自主创业的,享受相关文件规定的各项优惠政策,由相关机构提供免费创业指导、就业推荐等公共服务。具体优惠政策可以参考当年具体文件规定。

7.公务员考试会有优惠政策支持吗

各专门项目毕业生服务期满考核合格,同等享受各省、自治区、直辖市地(市)级以上党政机关录用公务员优惠政策。就目前实际情况来看,服务期满2年且考核合格的西部计划志愿者均可享受国家公务员考试的有关优惠政策,具体情况以当地招考公告为准。

8.服务期会计算工龄吗

相关文件均规定,各专门项目高校毕业生到农村基层的服务年限计算工龄。

9.服务期结束会保留应届毕业生身份吗

根据相关文件精神,参加西部计划项目前无工作经历的人员服务期满且考核合格后2年内(研究生支教团志愿者自研究生毕业时开始计算),志愿者在参加机关事业单位考录(招聘)、各类企业吸纳就业、自主创业、落户、升学等方面可同等享受应届高校毕业生的相关政策。

（二）大学生到基层就业政策支持

中共中央办公厅、国务院办公厅制定的《关于引导和鼓励高校毕业生面向基层就业的意见》规定如下。

(1)对到西部县以下基层单位和艰苦边远地区就业的高校毕业生,实行来去自由的政策,户口可留在原籍。工作满5年以上的,根据本人意愿可以流动到原籍或除直辖市以外的其他地区工作;需要人事代理事务的,有关机构提供全面的免费代理服务。到艰苦边远地区和国家扶贫开发工作重点县就业的,可提前执行转正定级工资,高定1至2档工资标准。

(2)对高校毕业生从事个体经营的,除国家限制的行业外,自工商行政管理部门登记注册之日起3年内免交登记类、管理类和证照类的各项行政事业性收费。

(3)对非公有制单位聘用非本地生源的高校毕业生,省会及省会以下城市要取消落户限制。

(4)从2006年开始,逐步实行省级以上党政机关从具有2年以上基层工作经历的高校毕业生中考录公务员,其比例不得低于三分之一,以后逐年提高。

(5)对到西部地区和艰苦边远地区服务2年以上的高校毕业生报考研究生的,应适当给予优惠并在同等条件下优先录取。对高校毕业生进村、进社区工作2年后报考公务员的,要采取适当增加分数以及其他优惠政策,优先录用;报考研究生的,应适当给予优惠并在同等条件下优先录取。

五、相关就业创业政策摘录

(1)《普通高等学校毕业生就业工作暂行规定》。

(2)《普通高等学校档案管理办法》。

(3)《关于进一步明确〈全国毕业研究生就业报到证〉和〈全国普通高等学校本专科毕业生就业报到证〉手续办理有关事项的通知》(湘教发[2005]56号)。

(4)《关于引导和鼓励高校毕业生面向基层就业的意见》(中办发[2005]18号)。

(5)《关于建立高校毕业生就业见习制度的通知》(国人部发[2006]17号)。

(6)《关于转发〈中共湖南省委办公厅湖南省人民政府办公厅关于引导和鼓励高校毕业生面向基层就业的实施意见〉的通知》(湘教发[2006]72号)。

(7)《国务院关于进一步做好新形势下就业创业工作的意见》(国发〔2015〕23号)。

(8)《大学毕业生参军办法》(中国教育部网:www.moe.edu.cn)。

(9)《高校毕业生就业创业政策百问》(教育部高校学生司2018版)。

(10)《教育部关于做好2021届全国普通高等学校毕业生就业创业工作的通知》(教育部教学[2020]5号)。

(11)《国务院办公厅关于深化高等学校创新创业教育改革的实施意见》(国办发〔2015〕36号)。

大学生创业实践

一、创新创业意识和能力的提高

(一)提高创新创业意识

生活中处处有新知。大学生应该在老师教学的第一课堂之外,积极开辟自己的第二课堂。只有先有了提高自身能力的意识,大学生们才会在课余思考实践的问题,才能投身到课余实践中来。课余实践的机会多了,才能结合理论产生创新思维,再利用创新思维指导实践,实现"意识到实践,实践到意识,意识再到实践"往复循环的认识飞跃。

(二)参加实践活动提高素养

有了创新创业意识之后,大学生应该积极参与各种类型的实践活动,为自己创新创业积累经验。有效的实践活动主要有四种。

(1)科研训练:可以充分利用大学的实验室和科研资源,在导师帮助下进行科研训练,引导自身对于科学前沿的认识,提高实验动手能力。

(2)学科竞赛:主动参加学校或者教育部门组织的学科相关竞赛(软件设计竞赛、智能车设计比赛等),能极大地提高快速学习能力,并检验自身时间管理和项目安排的能力。

(3)素质教育:多参加读书会,借阅专业以外的书籍拓展自己的知识面;积极参加文艺体育活动,参加辩论队或演讲比赛,锻炼口才;培养人文兴趣爱好,例如绘画、摄影、徒步旅行等。

(4)实习培养:积极参加校外兼职活动,锻炼职业技能,了解商业运作;参与产业基地或者公司实习,在拓展社会资源的同时学习公司的基本运营流程。

(三)选择合适的创业实践方向

有了创新创业意识,广泛参与实践活动之后,学生会对自身的优势和劣势、兴趣和短板有充分认识。结合自身兴趣和能力优势,选择创新创业相关的方向。在确定方向之后,深入了解相关方向的理论知识,钻研相关方向的实践活动。例如,对编程有兴趣的学生,可参加多个软件编程项目组,边完成项目边巩固编程知识,达到事半功倍的效果;对学科前沿知识有热情的大学生,可积极联系导师,争取进入实验室的机会,学习实验方法和科研技巧等。合理安排好校内学习和课余钻研的时间,在项目中学习,在学习中进步。在一个感兴趣的方向上积累了足够的经验,就可以准备自己创新创业的课题了。

（四）组建创新创业学生团队

团队合作对于创新创业来说是必要的前提。团队初期组建的方式主要有三种。兴趣组合式：要求组员对同一个课题有着极大的兴趣和热情，这样保证了组员的工作效率和积极性。组员的寻找可以在校内相关社团展开，也可以在网上论坛和社交部落上寻找。零件拼凑式：这需要组团人对整个课题有初步的规划，按照初期的计划表根据需求找到具有相关优势的人才。例如，一个销售产品的项目，需要研发产品的人和营销产品的人，这两类人才可以分开寻找。导师推荐制：如果课题由具有经验的导师指导，可以由他担任组团人来组织整个团队，因为导师有相关项目经验，知道组建什么样的团队才能成功。

在创新创业实践的前期要确认自己在团队内的角色。团队的队长需要具备责任心、耐心，还要有可以作为全队榜样的干劲和斗志，副队长需要协调好组员之间的关系，普通组员各司其职，负责撰写报告的组员要紧跟项目进展。

（五）在项目中锻炼职业技能

大学生应该充分利用项目的机会锻炼自身，发展职业技能。大学生一般都是通过尝试不同的实践活动最终确认创新创业实践的方向，在这个方向上又经过长期的理论准备和反复实践，利用积累优势给自己择业增加筹码。例如，以科研为目标的同学，要在项目中锻炼好自己的科学精神，打好理论基础，学会写合格的研究文献；参加软件、硬件项目的同学，可总结自己在项目中的实践经验，提高动手能力和项目开发水平，缩短就业时的实习期；在项目中负责营销和对外联系的同学，要总结好自己项目管理和对外公关的经验，为将来从事同类型的工作打下基础。

二、大学生创新创业孵化基地入驻条件和扶持政策

（一）基地简介

大学生创新创业孵化基地隶属于湖南开放大学，是在学生工作处就业创业指导服务中心指导下运作的创业孵化场所。基地配有现代化路演大厅、报告厅、培训室、多功能会议室、业务洽谈室、孵化企业工作室。孵化基地既为在校本部就读的学生提供创新创业支持服务，也为全省开大系统和扩招农民学生创新创业提供支持服务，让我校遍布三湘大地的学生进行创新创业实践时有"娘家"可找、有政策可问、有经费可支持。

（二）入驻条件

（1）申请入驻孵化基地的创新创业项目团队的负责人、企业的法定代表人应为湖南网络工程职业学院在校在籍学生，并且遵守学校各项规章制度，无违纪违规等不良记录。

（2）申请入驻孵化基地的创新创业项目团队、企业应具备一定的启动资金和承

担风险的能力。

(3)申请入驻孵化基地的创新创业项目团队、企业原则上应与专业紧密联系,有前期基础,并取得一定成果。应聘请至少1名对口专业老师担任指导老师,负责项目运作、企业运营及团队管理等方面的技术与业务指导。在老师的指导下,编写详细的项目计划书和商业计划书,提交孵化办审查。

(4)参加过校级(含校级)以上大学生创新创业大赛或各类科技创新评选并获奖的项目团队、企业,以及对在校学生创新创业具有示范作用的项目团队、企业可优先推荐入驻。

(5)申请入驻孵化基地的企业还应满足以下条件:企业法定代表人在企业中的占股不得低于51%;企业有较完善的管理制度和财务制度。

(三)入驻流程

(1)企业申请入驻孵化基地时,应提供下列书面材料:入驻孵化基地申请书;资金来源证明;商业计划书;公司管理制度和财务制度;法定代表人简历及学籍证明,身份证明原件及复印件;营业执照证书及复印件;赛事获奖证书及复印件;与校外企业有合作关系的需提供合作协议复印件,合资经营的需提供股权分配协议复印件。

(2)创新创业项目团队申请入驻孵化基地时,应提供下列书面材料:入驻孵化基地申请书;资金来源证明;项目计划书;项目管理制度;项目负责人简历及学籍证明,身份证原件及复印件;赛事获奖证书及复印件。

(3)孵化办对各项材料进行审查和验资后,组织评审,并上报校长办公会审定。

(4)通过评审的项目团队、企业在接到入驻批准通知后5个工作日内与学校签订协议书,并办理相关手续。

三、中国国际大学生创新大赛

(一)组织机构

主办单位包括教育部、中央统战部、中央网络安全和信息化委员会办公室、国家发展改革委员会、工业和信息化部、人力资源社会保障部、农业农村部、中国科学院、中国工程院、国家知识产权局、国务院扶贫开发领导小组办公室、共青团中央。

(二)大赛组别和类别

1.参赛组别

(1)高教主赛道:创意组、初创组、成长组、师生共创组。

(2)青年红色筑梦之旅赛道:公益组、商业组。

(3)职教赛道:创意组、创业组。

2.参赛类别

"互联网+"现代农业、"互联网+"制造业、"互联网+"信息技术服务、"互联网+"文化创意服务、"互联网+"社会服务。

（三）大赛的基本形式

大赛以团队为单位报名参赛。允许跨校组建团队，每个团队的参赛成员不少于3人，原则上不多于15人（含团队负责人），须为项目的实际核心成员。大赛主要采用校级初赛、省级复赛、全国总决赛三级赛制。校级初赛由各校负责组织，省级复赛由各地负责组织，全国总决赛由各地按照大赛组委会确定的配额择优遴选推荐项目。

四、黄炎培职业教育奖创业规划大赛

（一）组织机构

（1）主办单位：湖南省教育厅、中共湖南省委统战部。
（2）承办单位：湖南中华职业教育社。

（二）大赛的基本形式

参赛对象为全省中职、高职（高专）院校普通全日制在籍学生。大赛分中、高职两组，以院校为单位组织参赛，中职参赛队由市州教育（体）局统一组织。各院校可自行组成创业团队，不能跨校组队，每个创业团队由3~5名学生、1~2名指导教师组成，每名学生限参加1个团队。大赛主要考查参赛作品的可行性、创新性和创业团队的创新意识、创业理念、协作精神等。以申报评审书为比赛主要载体，相关附件和实物产品为支撑，辅以创业实践、现场答辩等其他多种比赛形式。

五、"创青春"全国大学生创业大赛

（一）组织机构

主办单位包括共青团中央、教育部、人力资源社会保障部、中国科协、全国学联。

（二）参赛类别

大学生创业计划竞赛（即"挑战杯"中国大学生创业计划竞赛）、创业实践挑战赛、公益创业赛等3项主体赛事。

（三）大赛的基本形式

大学生创业计划竞赛面向高等学校在校学生，以商业计划书评审、现场答辩等作为参赛项目的主要评价内容；创业实践挑战赛面向高等学校在校学生或毕业未满3年的高校毕业生，且应已投入实际创业3个月以上，以盈利状况、发展前景等作为参赛项目的主要评价内容；公益创业赛面向高等学校在校学生，以创办非营利性质社会组织的计划和实践等作为参赛项目的主要评价内容。全国组织委员会聘请专家评定出具备一定操作性、应用性以及良好市场潜力、社会价值和发展前景的优秀项目，给予奖励；组织参赛项目和成果的交流、展览、转让活动。

有关处室、二级学院办公室地点及电话

学校 部门	办公地点	联系 电话	学校 部门	办公地点	联系 电话
财务处	终教楼 2 楼	82821715	智能制造学院	终教楼 8 楼	82821737
教务处	终教楼 19 楼	82821969	信息工程学院	终教楼 12 楼	82821845
学生工作处、 武装部	终教楼 20 楼	82822665	经济管理学院	终教楼 13 楼	82821723
保卫部	远教楼 1 楼	82821110	招生与就 业工作处	终教楼 19 楼	82821058
团委	终教楼 20 楼	82822531	医务室	园丁园附楼	82821011
图书馆	远教楼 5 楼	82822538	水电 充值室	学生公寓 7 栋 1 楼	82821092